Dr J.-B. Maurice Vincent

Médecin de 2me classe de la marine

LES

CANAQUES

DE LA

NOUVELLE-CALÉDONIE

ESQUISSE ETHNOGRAPHIQUE

PARIS

AUGUSTIN CHALLAMEL, ÉDITEUR

LIBRAIRIE COLONIALE

5, rue Jacob et rue Furstenberg, 2

—

1895

LES

CANAQUES

DE LA

NOUVELLE-CALÉDONIE

Dᴿ J.-B. Maurice Vincent

Médecin de 2ᵐᵉ classe de la marine

LES

CANAQUES

DE LA

NOUVELLE-CALÉDONIE

ESQUISSE ETHNOGRAPHIQUE

PARIS

AUGUSTIN CHALLAMEL, ÉDITEUR

LIBRAIRIE COLONIALE

5, rue Jacob et rue Furstenberg, 2

—

1895

Pendant mes deux années de séjour en Nouvelle-Calédonie, j'ai vécu à peu près constamment au milieu des Canaques. Désireux de connaître ces sauvages, menacés de bientôt disparaître, je les ai étudiés chez eux, dans leurs villages, ne retenant de leur vie que ce dont j'étais témoin — ce sont les notes ainsi recueillies que je publie aujourd'hui.

Dr V.

LES
CANAQUES

DE LA

NOUVELLE-CALÉDONIE

~~~~~~~~~~~~

CHAPITRE PREMIER

ORIGINE INCERTAINE ET CARACTÈRES ANTHROPOLOGI-
QUES DES NÉO-CALÉDONIENS — LES ÉLÉMENTS
ETHNIQUES NÉO-CALÉDONIENS — LES MÉTIS

Les Néo-Calédoniens ou Canaques de la Nouvelle-Calédonie (1) en étaient à l'âge de pierre,
losque nous avons pris leur île, en 1853. Peu con-
nus à cette époque, ils firent beaucoup parler d'eux
dès que nos soldats ou nos colons eurent parcouru
les côtes Est et Ouest. Les explorateurs les représentaient comme mangeant leurs semblables,
féroces, sans cesse en guerre. En 1878, en se révol-
tant contre nous, ils confirmèrent les craintes
qu'ils avaient inspirées jusque-là.

---

(1) J'emploierai, par abréviation, l'expression « Canaques »,
la seule dont on se serve en Nouvelle-Calédonie.

La répression de leurs crimes fut si vive, qu'ils restèrent désormais silencieux. D'ailleurs, l'attention s'arrêta sur l'exploitation des mines de nickel. On ne parla plus beaucoup des Canaques, en France, mais on persista à croire à leur naturel sanguinaire et au grand nombre de leurs tribus. Aussi, lorsqu'en 1890, j'allai en Nouvelle-Calédonie, je fus tout surpris d'apprendre, à bord, que les Canaques avaient à peu près disparu, que le petit nombre qui survivait s'était assimilé nos mœurs. D'après des passagers retournant à Nouméa, après un court séjour en France, les quelques Canaques de l'île vivaient de la vie européenne, soit au chef-lieu, soit dans les principaux centres de l'île. J'arrivai, en Nouvelle-Calédonie, désillusionné sur les résultats des recherches que je me proposais. Je supposai que les derniers chapitres de l'histoire des Néo-Calédoniens étaient écrits. Ce que je vis à Nouméa acheva de me décourager. Les rares Canaques employés par la police ou par les négociants portaient des costumes européens, allaient à l'église en bons catholiques, se promenaient en voiture sous les *flamboyants*, couverts de fleurs rouges.

Pourtant, selon des colons, propriétaires de stations (1) dans l'intérieur de l'île, tous les Canaques ne ressemblaient pas à ceux de Nouméa. Je partis pour l'intérieur, pour la *brousse*. J'acquis

---

(1) En Nouvelle-Calédonie, on appelle station une propriété située dans la brousse et où l'on fait de l'élevage.

immédiatement la certitude quil restait énormément de Canaques, à peu près à l'état primitif. Si donc, la race disparaissait, elle n'était pas éteinte; on pouvait même, en fréquentant les tribus, surprendre ses caractères les plus difficiles à saisir.

Je commençai à observer les tribus situées sur la côte Est : la variété des types me frappa. Tels indigènes ont en effet une ossature spéciale faisant songer à la race chinoise, tels autres offrent des particularités morphologiques générales rappelant la race anglaise ou la race française. Par contre, dans les tribus de la région centrale de l'île, les caractères anatomiques ont une conformité assez sensible. Chez ces derniers Canaques, on trouve toujours une ossature et une musculature très accusées. Il y a donc, au moins, des différences morphologiques entre les indigènes du littoral et les indigènes de la partie centrale. C'est que, depuis plus d'un siècle, les tribus de la côte sont en relations commerciales avec des trafiquants de nationalités les plus variées. Jusqu'en 1870, environ, des Chinois venaient chercher du sandal, du bois de rose, des holothuries; des Anglais achetaient des cocos ou du coprah (albumen du coco desséché), pour la fabrication de l'huile de coprah. Quelques-uns de ces étrangers se fixaient dans l'île, temporairement ou définitivement. Enfin, des Français, des Malabars, des Australiens, des Bourbonnais, des Allemands s'établissaient, un peu partout, comme colons, en qualité de manœuvres. Tous se mêlèrent à la race autochtone et donnèrent naissance à des types nouveaux, appelés métis vrais. Les premiers métis et leurs enfants vécurent en Canaques. Voilà pourquoi les Canaques de la côte comprennent aujourd'hui beaucoup de sang-mêlés. Les Canaques de la partie centrale ne sont évidemment pas indemnes de tout mélange, mais il y paraît peu. C'est leur examen qui importe dans le problème de l'origine des Néo-Calédoniens.

D'où viennent les Néo-Calédoniens ? La morphologie, les dialectes, les coutumes des Canaques de l'intérieur ont servi à émettre de nombreuses hypothèses sur leur provenance. Des linguistes, connaissant la Côte Occidentale d'Afrique, signalent des similitudes de langage entre les Néo-Calédoniens et les indigènes du Congo. Des voyageurs leur attribuent une origine polynésienne. Braine prétend que les Néo-Calédoniens sont venus des îles Wallis, placées aujourd'hui sous notre protectorat et relevant du gouverneur de la Nouvelle-Calédonie. Un missionnaire mariste, érudit, M. Montrouzier, vit dans la colonie depuis 1843; il s'est occupé de toutes les questions calédoniennes avec une sagacité et une prudence qui en font un auteur de grande autorité. Son opinion sur l'origine des Canaques a longtemps dominé. Pour lui, la circoncision, le tabou, les formules emphatiques de politesse, la division profonde des castes canaques sont des arguments en faveur d'une origine asiatique. Le docteur de Rochas, plus éclectique, admet que des Asiatiques et des Papouas ont contribué à peupler l'île. La divergence des idées, en cette question, provient, comme il arrive souvent, de ce que chaque ethnologue a imprimé à ses observations une direction déterminée — sans doute inconsciemment. M. Montrouzier n'a peut-être pas assez songé aux caractères polynésiens, mélanésiens que présentent les Canaques ; il a peut-être trop exclusivement noté les caractères asiatiques. Au reste, il est bien difficile d'assigner aux Canaques, avec exactitude, une ou plusieurs origines. Rien du passé des Canaques ne subsiste. Pas de monuments, pas d'écriture, pas de vieilles légendes (1), pas de signes symboliques fixant un fait dans le temps. Il est à peu près impossible de suivre, nettement, leur apparition et leur évolution en Nouvelle-Calédonie ; on ne peut même pas en donner une esquisse schématique. On est réduit à reconstituer hypothétiquement leur histoire.

Il est probable que l'île ne fut pas envahie, en une seule fois, par une seule race. Il est à présumer que des pirogues, voguant au gré des vents (2), ou dirigées vers une terre nouvelle, accostèrent sur les côtes de la Nouvelle-Calédonie. Leurs équipages se fixèrent dans une ou plusieurs vallées fertiles. D'autres individus durent débarquer plus tard, dans les mêmes conditions. Les nouveaux venus vécurent, sans doute, en mauvaise intelligence avec les indigènes déjà installés. D'où groupes

---

(1) Les vieillards se contentent de raconter aux enfants les exploits, les grands actes de la dernière génération.

(2) Il y a des vents sud-est, à peu près constants. Des courants vont de Samoa vers le sud de la Nouvelle-Calédonie.

distincts, souvent ennemis. Les membres d'un débarquement purent même se séparer, soit à la suite de dissentiments, soit poussés par le besoin de quitter une terre trop peu riche, ou trop peu étendue pour la communauté tout entière. D'où encore, de nouvelles fractions, les futures tribus rivales de maintenant.

Les tribus primitives étaient commandées on ne sait trop par qui. D'après le docteur de Rochas et Bourgarel, les familles des chefs seraient polynésiennes. Il est certain que des familles de chefs ont aujourd'hui un teint brun foncé très distinct du teint noir chocolat de leurs sujets. Mais comment expliquer, rigoureusement, que les Polynésiens aient pu, à un moment s'imposer à leurs compagnons et les commander? Les différences de castes existaient-elles donc, quand les envahisseurs s'emparèrent d'un ou de plusieurs points de la Nouvelle-Calédonie? Plusieurs caractères anthropologiques, observés chez les Canaques relativement purs, permettent de supposer que dès l'apparition de leurs ancêtres en Nouvelle-Calédonie, il y avait, sinon deux castes, du moins deux éléments ethniques fort dissemblables; un élément polynésien et un élément mélanésien. L'union de ces deux éléments, rendue facile par la polygamie, a donné un troisième élément que l'on peut dénommer élément mixte. L'union des éléments polynésien et mélanésien n'a pas été telle que chacun d'eux ait disparu. Il existe des Canaques représentant l'élément polynésien, mais ils sont en petit nombre et appartiennent, presque tous, à des familles de chef. Les Canaques représentant l'élément mélanésien sont bien plus nombreux; ils vivent, un peu partout, dans la région centrale. Les éléments polynésien, mélanésien, mixte diffèrent beaucoup les uns des autres. Dépourvu, dans les postes que j'ai occupés, des instruments d'anthropologie les plus élémentaires, je n'ai pu noter que les différences suivantes :

	ÉLÉMENT POLYNÉSIEN	ÉLÉMENT MÉLANÉSIEN	ÉLÉMENT MIXTE
Couleur de la peau.	Brun foncé	Noir chocolat	Noir chocolat
Taille	Élevée	Moyenne	Moyenne
Attitude du corps .	Droite	Droite	—
Ossature.	Développée	Très développée	Assez peu dévelop.
Musculature.	Développée	Très développée	Assez peu dévelop.
Cheveux.	Laineux	Laineux	Laineux
Front	Droit	Fuyant	Variable
Mâchoires.	Pas prognathes	Prognathes	Prognathes
Nez	Peu ou pas épaté	Très épaté	Épaté
Main	Longue	Large	Variable
Doigts.	Longs	Courts	Effilés
Oreilles.	Courtes	Très larges	Larges
Dents	Blanches	Blanches	Souvent jaunâtres
Système pileux . . .	Peu développé	Excessiv. développé	Développé
Pied	Volumineux	Très volumineux	Très volumineux
Lobules des oreilles	?	Percés d'un large trou	Percés

Les indications fournies par le tableau précédent sont relativement précises pour l'élément polynésien et l'élément mélanésien; elles ne peuvent être que vagues pour l'élément mixte. Je n'ai évidemment pas pu tenir compte des métis vrais, issus des trois éléments et des étrangers; leurs caractères anthropologiques sont extrêmement variables. Les trois éléments se sont unis à des étrangers si divers !

L'élément polynésien		Français
		Chinois
		Anglais
L'élément mélanésien......	se sont unis à des	Néo-Hébridais
		Loyalty
L'élément mixte		Malabars
		Allemands
		Espagnols

Les métis, nés de ces unions, se sont unis, à leur tour, aux trois éléments primitifs, aux étrangers, entre eux. Cette génération en a donné une autre, plus ou moins teintée, qu'il n'est pas possible de suivre.

Quels que soient leur origine, le degré de leur métissage, les métis de la Nouvelle-Calédonie se ressemblent fort, au point de vue physique et au point de vue intellectuel. Plutôt grands que petits, bien musclés, vigoureux, mais prédisposés à la tuberculose, ils sont paresseux, hypocrites, menteurs, aiment, sans mesure, les plaisirs et l'alcool. Je ne parle évidemment pas des métis élevés avec soin par les Européens libres. Ceux-là sont tous très intelligents, très habiles et s'imprègnent des idées des milieux où ils vivent; leur morale est celle qu'on leur enseigne. Ils deviennent bons, s'ils sont bien dirigés, mauvais si, autour d'eux, la vertu ne règne pas en maîtresse.

Tous les métis ne se mêlent pas aux blancs; beaucoup — des femmes surtout — sont dans les tribus canaques.

CHAPITRE II

ÉTAT SOCIAL DES CANAQUES

LA TRIBU — LE CHEF — LE SORCIER OU TAKATA —
LES SUJETS

La division sociale fondamentale des Canaques a été et est encore la tribu.

Une tribu constitue un tout fort bien délimité géographiquement et politiquement. Une tribu est entièrement indépendante de toutes les autres tribus. Une tribu déclare la guerre à une autre tribu, comme une nation européenne déclare la guerre à une autre nation. Cette comparaison peut d'autant mieux s'établir qu'une tribu représente une véritable puissance qui, quoique minuscule, n'en est pas moins bien organisée. Toute tribu comprend :

Un autocrate : le chef;
Un grand prêtre : le sorcier ou takata;
Un ministre de la guerre : le chef de guerre;

Un ministre... de tout ce qui n'est pas la guerre :
le chef des discours ;

De hauts dignitaires : le chef de pêche, etc. ;

Des vassaux : les petits chefs des villages de la
tribu ;

Un conseil : le Conseil des Anciens ou des vieux ;

Une armée : les guerriers ;

Un peuple : les sujets (1).

En temps ordinaire, tout cela vit tranquillement,
silencieusement, dans les villages, à l'embouchure
d'une rivière, sur les bords d'un ruisseau, près
d'une crique, au milieu des cocotiers, des bananiers, des cannes à sucre et des fleurs. Les cases
disparaissent, souvent, sous les dracœnas, les
haricots canaques et les taros.

A une extrémité de l'allée principale du village
le plus important de la tribu, s'élève la case du
chef, plus grande, plus belle que les autres cases.
Elle porte, à son sommet, un long et léger morceau de bois sculpté (tabou), orné d'énormes
tritons(*trito tritonis*); à son entrée, sont fichées en
terre des perches aux extrémités desquelles flottent
des morceaux d'étoffes d'écorces. De chaque côté
de l'allée se trouvent les cases des sujets.

Dans maintes tribus, il y a des cases majes-
tueuses, construites pour recevoir les invités des

(I) Il n'y a plus d'esclaves, parce qu'il n'y a plus de
grandes guerres entre tribus.

fêtes ou pilous-pilous (1). Ces cases faites avec des matériaux apportés par les invités restent la propriété de la tribu hospitalière et deviennent le dortoir commun des hommes non mariés.

En un point peu éloigné du centre du village, on voit la case du Conseil des Anciens; elle diffère des autres cases en ce qu'elle n'a pas de parois circulaires.

A côté des diverses cases sont les cuisines, huttes rectangulaires, avec toits à angles dièdres. Les femmes qui n'ont pas de corvées passent là une partie de leurs journées, devisant, tressant des nattes, veillant à l'entretien du feu et à la préparation des aliments.

En dehors du village, en s'informant, on découvre la case du sang, dans laquelle les femmes se retirent durant l'ovulation.

La disposition générale des cases semble avoir été plus régulière autrefois qu'elle ne l'est aujourd'hui. Les vestiges des villages brûlés par nous, en 1878, indiquent que tout village avait son allée centrale dé cocotiers bordée de cases, assez symétriquement placées. Actuellement, le Canaque conserve et entretient l'allée centrale de son village, mais il établit sa case là seulement où il aura à faire le moins d'efforts pour la construire.

L'érection d'une case est une grosse affaire. Il

(I) Les blancs appellent indistinctement *pilous* toutes les fêtes des Canaques. En réalité, chaque fête canaque a un nom particulier, variable selon les tribus.

faut, d'abord, défoncer le terrain choisi, puis le laisser exposé à la pluie, au soleil, afin de tasser la terre et la rendre imperméable ou faiblement perméable. Après une exposition de six mois, un an, le Canaque plante son poteau central de case qui est le pilier de l'édifice. A un ou deux mètres du poteau central, il dispose, circulairement, de petits poteaux qu'il réunit entre eux avec des branches d'arbres droites et du rithydome de niaouli (1), appelé, ordinairement, *peau de niaouli*. Sur ces parois circulaires, il place un chapiteau de peau de niaouli, recouvert de paille — ce qui imprime à sa case l'aspect d'un éteignoir.

Il tasse de la terre autour de la partie inférieure des parois et creuse une rigole à côté de la terre tassée, pour envoyer, au loin, l'eau qui aurait pu pénétrer dans son habitation. Pour se prémunir contre la pluie, la brise et l'air froid de la nuit, il donne à la porte de sa case des dimensions exiguës. La porte d'une case, de six mètres de diamètre et de huit mètres de hauteur n'a, environ, que 0m 30 de largeur et 0m 50 de hauteur. Besoin est de se courber pour entrer. On ne peut pénétrer qu'avec des dislocations, mais on pénètre sans avoir à ouvrir la porte : il n'y a qu'un rideau de *pandanus reticulatus*. La nuit, le Canaque, très frileux, ajoute une natte au rideau et s'endort, sur une

---

(I) *Melaleuea officinalis* ou niaouli est une myrtacée, abondante, caractéristique de la flore calédonienne.

autre natte, près d'un foyer où brûle toujours quelque bois; si les moustiques deviennent trop insupportables, il enfume sa case au moyen de feuilles vertes.

Dans la case, on met les sagaies, les filets, les aiguilles, les navettes, les casse-têtes, les étoffes, les objets précieux; on n'y place jamais de provisions. Les taros, les ignames, les cannes à sucre, les bananes, sont enfermés dans d'étroits magasins, espèces de cages à poules.

Le nombre des magasins, des cases d'un village dépend de l'importance sociale des indigènes qui l'habitent. Le plus étendu, le plus beau des villages de la tribu est le village où réside le chef.

Le chef de tribu a toute la puissance d'un roi absolu. Il peut tuer un de ses sujets, si tel est son bon plaisir. Autrefois, il tuait d'abord, et mangeait ensuite. Aujourd'hui, il reçoit un traitement de la colonie; il se nourrit parfois de viande qu'il achète (Kaké et Gelima de Canala), et laisse la vie aux enfants de ses sujets; j'aime du moins à le supposer. L'affirmation de son autorité va, rarement, jusqu'au droit de mort. Si le chef ne prononce plus la peine capitale avec la désinvolture de jadis, il conserve le droit de tabouer. Avoir ce droit, c'est pouvoir confisquer, à sa guise, la liberté d'autrui. Tabouer, c'est établir une défense que nul ne peut enfreindre, sans s'exposer à l'action des mauvais esprits. Le chef a des droits de tabou à peu près illimités; il taboue une maison, un champ, un ruisseau, etc ! Les résultats des tabous sont parfois inattendus, bizarres. En 1890, dans un centre de l'intérieur de l'île, je devais examiner une femme indigène, dans une maison appartenant à l'administration. La femme ne se présenta pas à l'heure indiquée. Je demandai des explications, on me répondit que la malade ne pouvait plus marcher. Peu satisfait de cette réponse, parce que je voyais la femme se promener, je m'enquis auprès de diverses personnes du motif d'un mensonge aussi grossier. J'appris que le chef de la tribu avait taboué la maison, pour les femmes, et pour les femmes seulement. Ne voulant pas révéler aux blancs ce tabou, les indigènes s'ingéniaient à trouver des prétextes, toutes les fois que des femmes indigènes appelées dans la case en question ne s'y rendaient pas.

Le tabou a un symbole matériel, afin que personne n'ignore quels sont les champs, les objets taboués. Le symbole est constitué par un morceau de bois grossièrement sculpté, par des branches entrelacées, par quelques feuilles nouées ensemble (1). Le symbole du tabou des sujets ne diffère pas du symbole du tabou du chef. Mais, tandis que le chef peut tout tabouer, les sujets ne peuvent tabouer que ce qui leur appartient.

Le tabou, les droits inhérents à la chefferie accordent donc au chef tous pouvoirs. Cependant, pour se conformer à l'usage, le chef réunit les plus vieux Canaques de la tribu, lorsqu'il s'agit de prendre des résolutions graves. De cet aréopage,

---

(1) En France, les propriétaires défendent l'accès de leurs champs, au moyen de deux bâtons disposés en croix

où règnent la gravité et la modération, sortent toujours des décisions conformes aux intérêts généraux.

Pour faire exécuter ses ordres et faire connaître les résolutions du Conseil des Anciens, le chef a deux aides, deux ministres : le chef de guerre et le chef des discours. Le chef de la tribu peut être chef de guerre; il lui arrive même de cumuler les trois fonctions de chef de tribu, de chef de guerre et de chef des discours. Après le chef de guerre et le chef des discours, viennent, par ordre hiérarchique, les petits chefs des villages de la tribu. Les petits chefs sont en nombre très variable; quatre, cinq, six, souvent. Leurs relations avec le chef de la tribu rappellent les relations de vassaux à suzerain,—empreintes de cordialité. La soumission des vassaux pour leur chef est autrement constante que la fidélité de mauvais aloi qu'ont eue maints vassaux européens pour leurs suzerains !

Le chef est personnage si prestigieux que les coutumes lui défendent de se mésallier. Il doit épouser une fille de chef. Les enfants qui naissent de cette femme légitime sont seuls appelés aux honneurs. S'il est riche, il lui est permis de prendre autant de concubines qu'il pourra en nourrir, mais les enfants, issus des concubines, ne partagent que les biens matériels de leur père. D'ailleurs, sa femme légitime est la seule qui jouisse de quelques prérogatives; au village, en corvée, les femmes de la tribu lui accordent de la déférence.

Pour nourrir sa famille et satisfaire aux exigences de son rang, le chef n'a ni fief transmissible, ni fief temporaire ; il ne possède que ses propriétés privées. Il est même obligé de faire cultiver ses champs à ses frais. Il n'a pourtant pas que les bénéfices de ses terres : il frappe d'une dîme les revenus de ses sujets. Depuis que les blancs emploient les Canaques, les chefs ont, ainsi, gagné beaucoup d'argent. L'administration ne s'élève pas avec raison contre la dîme ; si la perception en était défendue, les chefs empêcheraient leurs Canaques de travailler chez nous. Les Canaques, nés ou devenus malins en fréquentant les libérés, cherchent à se soustraire à la lourde redevance que leur imposent leurs maîtres. Ils y parviennent difficilement, tant ils sont surveillés. Ils ont vendu un objet 2 francs, ils prétendent l'avoir vendu 1 franc, et ne donnent que 0 fr. 50. Dans plusieurs tribus, le chef s'approprie la moitié de l'argent reçu des blancs ; dans quelques-unes il prend moins.

L'administration locale ajoute aux revenus des chefs en leur allouant un traitement mensuel, en relation avec leurs grades, — parce qu'il y a des chefs colonels, commandants, capitaines, lieutenants, sous-lieutenants ! Ce traitement a pour but d'encourager les chefs à servir d'intermédiaires entre les fonctionnaires des affaires indigènes et les tribus. Des chefs ont mal rempli leur rôle ; l'administration leur a ôté le titre de chef et les a remplacés par des Canaques, petits chefs ou sujets. Les chefs dépossédés n'en ont pas moins gardé leur influence ; ils ne portent pas d'uniforme, mais ils gouvernent.

Dans leurs tribus, les chefs sont habillés à la canaque ; on devine combien simplement ! Quand ils se présentent chez l'administrateur, ils portent, qui un costume de médecin de la marine, qui un uniforme d'officier d'infanterie de marine. Les uns ont des casquettes, les autres des képis. Ils n'attachent d'importance qu'au nombre des galons. Pour aller à Nouméa, ou chez un blanc de qualité, à l'intérieur, ils revêtent de superbes habits et y ajoutent des cravates, des souliers, des bagues, des manchettes, des chapeaux. Ils s'empressent de rouler en un paquet toutes ces splendeurs, dès qu'ils ont quitté la case du blanc de chez qui ils viennent.

La transmission de la chefferie s'effectue par ligne de primogéniture légitime et par adoption. Si un chef meurt, sans enfants légitimes, ou sans enfants adoptés, son frère cadet lui succède ; s'il n'a pas de frère, sa succession revient à son oncle paternel. Quand un chef laisse un enfant en bas âge, la régence est exercée par le frère cadet ou l'oncle paternel du décédé. Le régent conserve les fonctions de chef jusqu'à sa mort ; ce n'est qu'alors que l'héritier naturel peut devenir chef à son tour. Il est possible que le fils d'un chef mort, depuis longtemps, ne succède à son père qu'à un âge très avancé.

Le chef canaque est très curieux à analyser à cause de l'omnipotence qu'il détient d'un régime politique ; le sorcier ou takata est presque aussi intéressant à étudier, à cause de l'importance qu'il sait usurper. Intermédiaire entre les mauvais esprits et les Canaques, sorcier en tous genres, invocateur, guérisseur de tous les maux, personnage riche, terrible et débonnaire, rusé, flatté et détesté, le takata est tout cela. Autrefois, paraît-il, on naissait en quelque sorte takata. Tout nouveau-né, bossu, bancal, biscornu, devenait takata. Les êtres difformes étaient utilisés. Actuellement, il existe peu de takatas difformes; la plupart sont normalement constitués. Inérou, le takata de Houaïlou, a une haute taille, des formes anatomiques admirables. Peut-être la quantité de takatas nécessaires a-t-elle augmenté. Les borgnes, les boiteux, les mal venus ne suffisant pas, on prend des individus ordinaires. Les Canaques ont si fréquemment besoin du takata! Le takata s'impose pour tous les actes essentiels de l'existence; et chaque fois qu'il exerce sa profession, il se fait chèrement payer. Est-on malade, on va chez le takata; le médecin blanc *(takata papalé)* n'entend rien au traitement d'une entérite, d'une luxation survenues chez des Canaques. Plante-t-on une planche d'ignames, des taros, des bananiers, on achète la pierre fétiche de l'igname, du taro ou du bananier, pour obtenir une récolte fructueuse. A-t-on besoin de pluie, on prie le takata de faire des incantations et de vendre la pierre fétiche de la pluie. Va-t-on en pêche, il est indispensable de se procurer la pierre fétiche de la pêche et de la mettre dans la pirogue. Le takata obscurcit le soleil ou le rend éclatant. Il procure les maléfices les plus divers, il en vend pour empoisonner à distance. Commerçant très habile, il a soin de varier la forme de ses pierres fétiches (1), afin que les Canaques ne se servent de la même pierre pour conjurer des esprits différents.

Il sait se singulariser, ne pas vivre de la vie commune. S'il est grand sorcier, couvert de gloire, il demeure à l'écart, au fond d'une vallée, sur les flancs d'une montagne ; il opère, la tête et le corps ornés de plumes de notous ; il vend toutes les pierres fétiches ; il intervient dans toutes les affections pathologiques. S'il est sorcier ordinaire, il reste dans sa tribu, n'exerce d'influence que dans sa tribu. Malheureusement pour les Canaques, le sorcier, sans grande science, peut acquérir de la renommée et augmenter le nombre des takatas qui exploitent largement la crédulité de leurs frères.

Célèbre ou non, le sorcier est un détestable personnage qui suscite des ennuis aux Canaques et aux blancs. De nombreux désordres éclatent à cause de ces imposteurs. En 1891, le sorcier d'une tribu voisine de la tribu de Mea jeta des maléfices à tout un village de Méa. Les habitants de Méa défièrent les habitants de la tribu du sorcier ; un combat eut lieu. L'affaire fut portée devant l'administrateur de Houaïlou, et se termina par l'envoi du sorcier à l'île des Pins.

---

(1) Les Canaques ne consentent jamais à parler de leurs pierres fétiches et de leurs fétiches en général ; les missionnaires les obligent à les leur livrer avant de les baptiser : le R. P. Lambert et le R. P. Montrouzier en ont de très riches collections.

Il y a quelques années, les questions de sorciers surgissaient de tous côtés. Les missionnaires dévoilaient leurs méfaits, leurs violences, leurs empoisonnements, l'autorité agissait. Actuellement, leurs menées passent sous silence, le plus souvent; on ne les connaît que lorsque leurs victimes canaques se plaignent. Les missionnaires, peut-être rebutés par leurs échecs, se contentent d'exercer leur action dans la zone de leurs missions, à la Conception, à Saint-Louis, à Unia, Puebo, Wâgap et la Foa.

Dans une tribu, le chef, le sorcier, les petits chefs commandent, tous les autres membres obéissent. La sujétion n'a rien d'intolérable, les vexations étant assez rares. Les sujets vivent sans les raffinements des sociétés européennes, mais ils vivent sans grands besoins, sans grands désirs. Leur chef est un autocrate dont le despotisme est tempéré par le Conseil des Anciens. Leur chef dispose parfois de leurs personnes, mais il viole rarement leurs droits. Chaque Canaque gère ses biens à sa guise. Ils achètent ou vendent des champs, des pêcheries, selon leurs désirs; leurs terres sont toujours respectées, car la propriété est sacrée, en temps de paix. Ils aiment à posséder et font valoir leurs titres de propriétaires, avec rigueur. Pour éviter les discussions, les compétitions, ils délimitent leurs terres avec un soin extrême. En traversant les réserves canaques, nous ne voyons pas de bornes, pas de séparations entre les divers champs; et pourtant ces réserves sont divisées en une multitude de parcelles, très nettement distinctes, pour les indigènes. Ils se partagent même le rivage. Sur

les côtes voisines d'une tribu, on aperçoit, de loin
en loin, des perches fichées dans des interstices de
corail : ce sont des lignes de démarcation de pêcheries. Tel Canaque a telle portion de rivage pour se
livrer à la pêche. A la mort de leur père, les enfants
héritent de ses biens. Si un Canaque marié meurt
sans enfants, sa femme et ses biens appartiennent
à son frère, et à défaut de frère, à son oncle paternel. Le rôle des oncles et des tantes est considérable ;
les enfants appellent pères ou mères leurs oncles
ou leurs tantes, frères ou sœurs, les fils ou les
filles de ces oncles ou tantes. Une famille est donc
composée de membres étroitement unis et, par
cela, d'une solidarité sûre pour venger une injure,
revendiquer des droits. Et les Canaques ont toujours des injures à venger, des droits à faire
valoir ; ils sont de caractère si présomptueux et si
rapace !

CHAPITRE III

LE CARACTÈRE DU CANAQUE

Dans les sentiers, dans les tribus, le Canaque va droit, la tête haute, très fier, surtout s'il a un beau bracelet au bras, beaucoup de poil de roussette au cou et aux mollets, une couronne de feuilles ou de fleurs sur la tête, une hache bien brillante sur l'épaule.

Il a son esthétique. Son bracelet, son poil de roussette et ses autres ornements ne lui suffisent toujours pas; il a, parfois, le désir d'être très coquet. Alors, il se barbouille la poitrine et le visage avec du kaolin, de la teinture de noix de bancoulier (aleurites angustifolia et triloba), et une couleur bleue qu'il retire des feuilles d'un Desmodium, traitées par la chaux de corail. Il se rougit les cheveux au moyen de lotions de la même chaux. Il se croit ainsi irrésistible et se présente heureux, épanoui, aux jeunes Canaques, vêtues de petits tapas bruns, en fibres de coco teintes en noir.

Il a de l'orgueil. Quand il se rend en visite chez un blanc, il s'affuble de tous les lambeaux de vêtements européens qu'il possède. Pour lui, il vaut mieux se présenter devant nous, avec une vieille chemise trouée, et pas autre chose, que de se présenter en Canaque. Aimable et serviable lorsqu'on le surprend en corvée, il devient arrogant et hautain, si on le rencontre pendant qu'il se promène, nu, un parapluie sur la tête, un éperon au bras, en guise de bracelet.

Il n'est pas reconnaissant. Son manque de reconnaissance est caractéristique. Un blanc le soigne pendant une maladie; dès qu'il est guéri, il ne songe plus à ce blanc, il acceptera même de lui nuire, plus tard, le cas échéant. On lui donne des vêtements; il est d'abord ravi; et, dès le lendemain, il ne connaît plus le donateur. Quelques jours après mon arrivée à Houaïlou, Maté, le chef de Méa, vint me voir. Je lui fis délivrer de la viande. Le lendemain, le bonhomme revint au moment du déjeuner. Mon domestique lui fit manger de la viande, du pain et des friandises, toutes choses qui furent englouties avec béatitude. Je m'amusais à regarder Maté absorber des aliments. Maté trouvait excellente ma cuisine, nous étions contents l'un de l'autre. On se voyait souvent, — toujours au déjeuner. A quelque temps de là, j'allai chasser à Méa et m'arrêtai dans la case de mon bon ami Maté. Altéré par une température de 40°, je lui demandai une banane. Il me répondit froidement qu'il n'en avait pas; plusieurs régimes murs pendaient aux parois de sa case.

Il est menteur. Pris en flagrant délit, il proteste violemment de son innocence ; il n'avoue qu'après avoir constaté que ses dénégations ne le disculperont pas. Il ment effrontément, aussi bien quand il s'agit de faits graves que lorsqu'il n'est question que de futilités. Ou lui demande s'il a vu passer, sur tel chemin, une personne qu'il connaît, il répond qu'il ne l'a pas vue, alors qu'il vient de la rencontrer. Ses mensonges sont, parfois, l'esquisse d'une lourde plaisanterie. On interroge un Canaque sur la direction d'un sentier ; le Canaque répond que le chemin se dirige vers tel endroit, alors qu'il conduit à un centre opposé.

Il est curieux comme un enfant. Il multiplie ses pourquoi : « Où vas-tu ? » demande-t-il à un passant. — « A X... » — « Pourquoi faire ? » — « Pour soigner un malade. » — « Quel malade ? » etc. Il veut savoir ce que sont, ce que font les blancs, récemment arrivés dans la vallée qu'il habite. Sa curiosité insatiable le pousse jusqu'à rôder autour de la case de ses nouveaux voisins, pour en découvrir les moindres actes. Il désire ardemment connaître ce qui se passe près de lui, mais il ne s'efforce pas de comprendre ce qu'il voit ! Les lignes télégraphiques, les fusils à répétition l'étonnent un instant et ne lui inspirent aucune réflexion. Il admet, en principe, que les installations de tous genres, effectuées par les blancs, dépassent les limites de son entendement.

Il n'est pas dépourvu de sentimentalité. Célibataire, il se pare, il se peinturlure pour plaire aux jeunes filles. Non seulement les sentiments amoureux existent, très vifs, chez les Canaques, mais ils se traduisent, parfois, sous une forme gracieuse. Le Canaque amoureux creuse un trou large, peu profond, sur le chemin de sa tribu; il y dépose des fleurs, des feuilles et continue sa route. Si, le soir, il voit, dans le village, à la main d'une femme, des feuilles ou des fleurs semblables à celles qu'il a mises sur le chemin, il sait que son amour est partagé. Marié, il tient quelquefois beaucoup à sa femme. A Guan-ru, près de Houaïlou, j'ai connu un Canaque d'une vingtaine d'années, tellement désespéré de l'inconstance de sa jeune épouse, qu'il errait, par les sentiers, désespéré, désorienté. Il aime ses enfants mâles, veille avec sollicitude sur eux. Il prend dans ses bras et amuse, volontiers, ses petits garçons; il abandonne ses petites filles à sa femme.

Il est hospitalier. Dans son village, le Canaque ne peut refuser l'abri et la nourriture à tout Canaque qui invoque la loi inviolable de l'hospitalité. Comme l'hospitalité, ainsi comprise, devient souvent gênante, le Canaque appauvri, use d'un ingénieux moyen qui lui permet de remplir son devoir d'hôte et de sauvegarder ses intérêts. Dès qu'il voit un Canaque étranger arriver, il substitue à ses ignames quelque maigre pitance dont il offre généreusement la moitié au solliciteur. Outre l'abri et les aliments, il doit donner le feu et l'eau. Il ne refuse guère aux blancs, un gîte et des vivres; il lui arrive de prévenir les désirs des blancs et de leur offrir un abri.

Il est excessivement superstitieux. S'élève-t-il au

delà de la superstition ? A-t-il des idées religieuses ? Dans sa substantielle étude sur la Calédonie (1863) le docteur Vieillard prétend que le Canaque distingue une âme et un corps. Il est possible que certains Canaques aient une conception vague de l'immatérialité ; je n'en ai jamais rencontré. De son côté, le R. P. Montrouzier n'est pas loin de leur refuser et idées religieuses et idées générales *(Notice sur la Nouvelle-Calédonie,* 1860); il demandait à un Canaque : « Qui a fait le soleil, la lune et les étoiles ? » — « Ça a toujours été comme ça », répondit le subtil individu.

Des personnes, dignes de créance, disent que les indigènes de Hienghiène admettent une âme du monde, qui aurait tout créé pour eux, Canaques. D'autres ont observé, dans les tribus, l'idée d'un génie bienfaisant. Je ne critique pas ces assertions. Quant à moi, je n'ai trouvé sur la côte Est du troisième arrondissement que la croyance aux mauvais esprits appelés indistinctement *bàon* (diable) par les indigènes. Il fait nuit, ils ont peur du bàon. Ils passent près d'un cimetière, ils ont peur du bàon. Un Canaque se noie dans une rivière : c'est le bàon qui l'a tué, etc. Je ne connais que des invocations adressées aux mauvais esprits par l'intermédiaire des sorciers, ou directement. Le culte du serpent, du soleil a été signalé; je n'ai vu et entendu parler que de pratiques superstitieuses faites dans le but de se protéger ou de protéger ses récoltes contre les mauvais esprits.

———

CHAPITRE IV

LA FEMME CANAQUE

L'homme est tout, la femme à peu près rien : voilà à quoi se résument les différences sociales des deux sexes chez les Canaques. L'homme s'occupe des affaires générales de la tribu; la femme fait la cuisine (1). L'homme mange dans une riante allée de cocotiers, la femme prend ses repas près de sa marmite. Quand la famille se rend à un pilou, l'homme marche, le premier, sans rien porter; sur le dos de la femme sont les nattes, les taros, la teinture de noix de bancoulier, les

---

(1) Le Canaque, non marié, veille lui-même à la cuisson de ses aliments.

cannes à sucre, les étoffes de *beu, d'awa.* L'homme
se repose, sous les cocotiers, pour prendre part à
d'interminables palabres: la femme va péniblement chercher l'eau, dans des cocos, des calebasses,
ou ramasser, au loin, le bois, les cannes à sucre,
les taros. L'homme pêche les poissons, la femme,
les crevettes, les moules. La femme mariée qui
chemine dans un sentier et qui aperçoit un Canaque
doit précipitamment fuir et se cacher, elle ne peut
rester sur le chemin que si le Canaque qui passe
est son père ou son frère. Les femmes non mariées
sont soumises à ces obligations; en retour, elles
jouissent d'une liberté de mœurs très grande. Un
brin de libertinage et des travaux pénibles,
continus, flétrissent vite les jeunes Canaques,
quelquefois si jolies à leur seizième année.

A quarante ans, l'homme est encore bien musclé, robuste. Vers trente ans, la femme est ridée
amaigrie, cassée, elle a donné à l'homme, sans se
plaindre, ses forces et sa beauté.

Au total, la femme est une bête de somme, tout
au moins une domestique pour son mari. Les
Canaques ont donc tout intérêt à avoir une femme
ou des femmes. Plus un Canaque a de femmes,
plus il est riche, puisque chaque femme représente
une sorte d'esclave qu'il utilise à son profit.

Est-ce à dire que, d'une façon générale, les
femmes canaques soient malheureuses? Je ne le
pense pas. Evidemment, il est des Canaques qui
battent leurs femmes, qui les surchargent de besogne. Mais, la plupart des maris laissent leurs
popinées s'user petit à petit, sans bruit; ils ne font

rien pour améliorer ou aggraver une situation réglée par l'usage. Cependant, en des circonstances, ils se montrent moins sévères que leurs aïeux. Autrefois, le mari tuait la femme infidèle. Il y a une vingtaine d'années, il la purifiait localement, par le feu. Maintenant, il se contente d'une punition corporelle quand il ne retire pas de bénéfice de cette infidélité.

La moralité de la femme canaque a sensiblement diminué depuis notre occupation. Les femmes de mœurs légères n'ont cessé d'augmenter en nombre. Dès la douzième année environ, elles commencent à être volages. Presque toujours bien constituées, alors, elles aiment à piquer, dans leurs cheveux, les magnifiques fleurs rouges de l'*hibiscus bresilensis*, à entourer leur taille de toiles rouges ou de couleurs éclatantes et à se pavaner là où il y a des blancs. Dès qu'elles sont mariées, elles doivent rompre avec le passé et devenir de braves femmes de ménage.

Jeunes filles ou femmes âgées, mariées ou non, elles sont toutes d'une coquetterie excessive. Elles portent au cou des colliers de coquilles, de graines rouges ou blanches, de serpentine; elles ont, à la partie inférieure du bras, des bracelets fabriqués avec des *conus millepunctatus*. Elles se tatouent au visage, aux bras et aux jambes. Cette opération de tatouage est assez compliquée. Elles commencent par broyer du charbon de bois; avec la poudre de charbon, ainsi obtenue, elles font une pâte dont elles se servent pour dessiner, avec une palette de bois, des lignes droites ou courbes, constamment parallèles. Elles prennent ensuite une épine d'oranger et se piquent au niveau des lignes tracées. Ecrasant enfin des feuilles de haricots canaques, elles extraient un suc qu'elles font tomber sur leurs dessins. Elles recommencent le lendemain à se servir du suc et obtiennent alors de belles lignes bleuâtres. Les hommes se tatouent par le même procédé, mais peu nombreux sont ceux qui aiment le tatouage.

Pour vêtement la femme canaque n'a qu'un tapa (1), espèce de frange, dont la longueur augmente avec l'âge. Ses tapas ordinaires sont faits avec des feuilles de bananier ou avec des algues. Ses tapas de pilou sont en fibres de coco, en fibres de magniania, de bourao (2), — ou en poil de roussette, si elle est très riche.

Les tapas, quoique toujours peu larges, protègent complètement ce qu'ils sont destinés à cacher, quelles que soient les positions que prenne la femme.

Dans des tribus, à Koné, par exemple, la partie postérieure du tapa est plus longue que la partie antérieure.

Il y a plus d'hommes que de femmes, même dans les tribus de la côte Est, auxquelles l'administration donna, en 1878, un grand nombre de

---

(1) Tapa est un mot nouveau pour les Canaques.
(2) Les femmes colorent en noir quelques-uns de leurs tapas de bourao en mâchant, puis en faisant bouillir les tiges violettes de *Coleus Blumei (Benth)*, avec les tiges de *Semecarpus atra*, *Eugenia Jambos*, *Daniela rusifolia*.

femmes des révoltés de la côte Ouest. Aussi se marier n'est pas facile. Par prévoyance, la plupart des jeunes gens sont fiancés par leurs parents dès leur enfance. Les Canaques qui n'ont pas été fiancés et qui cherchent une femme, sans en trouver, ne se résignent pas toujours à rester célibataires : ils en volent une. Ils vont prendre furtivement la jeune fille ou la femme mariée choisie et l'amènent dans leur tribu. De ce jour, les parents ou la tribu de la femme enlevée demandent raison du rapt, ou au seul ravisseur, ou à sa tribu. Dans certains cas, tout s'arrange avec de l'argent. Lorsque les deux parties ne parviennent pas à s'entendre, elles comparaissent devant l'administrateur qui est condamné à écouter des explications d'une fantaisie grandiose. Le fonctionnaire ordonne la restitution de la femme volée ou bien il fait donner au mari lésé des compensations pécuniaires. Malgré les amendes imposées aux ravisseurs, les rapts sont fréquents; l'usage des fiançailles hâtives n'arrive pas à les supprimer.

J'ai dit que ces fiançailles étaient un acte de prévoyance de la part des parents; leur but est de pourvoir de femme l'enfant qui vient de naître. Le nouveau-né peut être fiancé à une enfant, à une jeune fille. Les fiançailles sont scellées par des promesses mutuelles des parents des deux enfants. Les parents du fiancé offrent des cadeaux aux parents de la fiancée. Les deux futurs conjoints ne s'adressent pas la parole pendant leur enfance et leur adolescence. Quelques temps avant l'époque fixée pour le mariage, les hommes et les femmes de la tribu du fiancé aident celui-ci à construire sa future case. C'est pendant la construction que les deux fiancés ont le droit de s'adresser la parole pour la première fois. Le jour du mariage, le mari offre des colliers, des tissus, des ignames à sa femme et à ses beaux parents; s'il a une sœur et que sa femme ait un frère, il donne sa sœur à son beau-frère. S'il n'a pas de sœur, il remet de la monnaie canaque au père de l'épousée. La cérémonie est consacrée par le chef de la tribu, qui prononce une allocution, en présence de la tribu du marié et des invités.

La mariée peut apporter en dot des planches d'ignames, des taraudières ou d'autres terrains, situés à une distance considérable de la tribu de son mari. Dans ce cas, le mari fait cultiver ou vend les propriétés lointaines.

Un Canaque marié, hérite sans aucun inconvénient de la femme ou des femmes de son frère. Il arrive qu'un jeune Canaque, uni à une vieille femme, hérite d'une autre femme très âgée.

Les Canaques catholiques, vivant dans des villages catholiques, se marient conformément à toutes les règles de leur religion. Au village de Saint-Louis (1), des femmes canaques, mariées, portent des alliances. Les Canaques catholiques, évidemment monogames, répudient le divorce comme leurs autres coutumes païennes. Par contre,

---

(1) Saint-Louis est la résidence d'été de l'évêque de Nouméa. Près de la résidence s'étend un magnifique village canaque.

les Canaques non convertis divorcent assez fréquemment. Lorsque, par exemple, la femme ne tolère plus son mari, elle en cherche un autre ; si elle en trouve un qui lui plaise, elle quitte sa case. Le nouvel époux verse à l'ancien une somme, dont l'importance varie avec l'âge, la force de la femme divorcée. S'il y a des enfants, on s'arrange à l'amiable. Les enfants ne gênent point en ces sortes d'affaires.

———

CHAPITRE V

ACCOUCHEMENTS — ALLAITEMENT — AVORTEMENTS
INFANTICIDES

La femme canaque, en état de gestation, peut être ménagée, à certains points de vue; elle ne cesse point, pour cela, de participer aux corvées journalières d'eau, d'ignames, de bois. J'ai rencontré des femmes, au huitième mois, porter de lourds fardeaux, pris à une dizaine de kilomètres de leurs tribus. Le travail n'est arrêté que lorsque les douleurs commencent. A ce moment survient la matrone. Où n'existe-t-il pas de matrones?

La parturiente s'assied, en s'appuyant au poteau de sa case; la matrone lui enserre l'abdomen et exerce, avec ses genoux, des pressions rythmiques qui, dans les cas normaux, amènent rapidement l'expulsion de l'enfant.

Dans les tribus du Nord, on promène sur le dos de la patiente un tronc de bananier.

Les femmes qui veulent se soustraire à ces manœuvres s'enferment dans leurs demeures et attendent la fin de leurs douleurs en s'efforçant d'étouffer leurs cris.

On coupe le cordon ombilical avec un couteau : une valve *d'ostrea margaritifera;* on jette le placenta dans la rivière ou à la côte. Le nouveau-né est aussitôt plongé dans la mer, si elle est proche, ou dans une cascade. Il reste nu.

La mère donne à téter à son enfant dès le premier jour, elle se lève immédiatement après le délivre et va se laver, à grande eau, au ruisseau le plus proche.

Neuf mois de grossesse, l'observation de certaines coutumes, pendant le dernier mois de la grossesse, la déformation des seins consécutive à l'allaitement, et en somme les soucis de la maternité ne sourient pas à toutes les femmes canaques. Elles aiment les plaisirs, les pilous; elles désirent vivement conserver leurs seins droits, volumineux. Pour satisfaire, à la fois, leur sensualité, leur coquetterie et leur liberté d'allures, elles se soustraient à l'obligation d'élever des enfants. Elles ont recours, pour cela, à l'avortement et à l'infanticide.

L'avortement est la pratique criminelle la plus répandue chez les Canaques. Les femmes avortent en suçant les bractées de pandanus, en mâchant des bulbes de lis calédonien, en absorbant des infusions diverses (1). Elles ne font pas de mystère de ces médications efficaces, mais dangereuses; elles cachent les infanticides.

---

(1) Trempées dans l'eau de mer et malaxées, les feuilles de *Obyllanthus persimilis* (Müll), de *Melanthesa alotha* (Forst), donnent un suc purgatif, emménagogue, fréquemment employé dans les avortements.

CHAPITRE VI

L'ENFANT

SON ADOLESCENCE — SON INSTRUCTION — L'ÉPREUVE DES GUERRIERS

Et pourtant, quoiqu'on en ait dit, ce qu'il y a de plus beau chez une femme canaque, c'est l'amour maternel. Qu'elle soit mariée, fille-mère, catholique ou païenne, la femme canaque entoure de soins ses enfants depuis leur naissance jusqu'au moment où, circoncis, ils vont avec leur père.

Elever un enfant est une lourde charge pour une femme canaque dont les occupations sont déjà si nombreuses et si fatigantes. Il faut, d'abord, que la mère et l'enfant restent ensemble. La mère emporte donc son enfant partout où elle va, quelles que soient ses corvées. Elle l'emporte sur le dos, dans une spathe de cocotier ou un lambeau d'étoffe. L'enfant s'habitue vite aux mouvements de la marche et n'est pas trop méchant. D'ailleurs, dès qu'il crie, sa mère le fait téter. Elle le fait téter de longs mois! Le sevrage n'a lieu d'habitude qu'à la troisième année. Il est vrai que, vers le cinquième mois, il commence à manger un peu de bananes bouillies. Vers un an, il prend du coco cru, des gâteaux de feuille de morelle, cuits avec des bananes. Dès cet âge, il marche nu, l'abdomen proéminent, une longue touffe de cheveux sur le front. Le bonhomme a peur d'un rien, mais sensible aux bons procédés, il accepte volontiers un morceau de sucre, et, charmant, remercie avec une grimace. Quand il est sevré, il partage la nourriture de ses parents, rôde autour du village, s'amuse avec les fleurs, court sur le gazon des allées, sous les pandanus et les dracœnas, comme un gentil petit animal. Il accompagne en tous lieux ses parents; s'il est fatigué, sa mère le place sur son dos, au-dessus des cannes à sucre.

Se promener, rire, jeter des cris d'effroi à la moindre surprise, absorber toujours quelque chose, voilà la vie de l'enfant canaque jusqu'à sept ans. A sept ans, il est circoncis (1). Il cesse de rester avec les femmes, dans les cuisines; il sort du gynécée, s'habille d'un manou (2), prend place au milieu des hommes dont il partage les travaux selon ses forces. Il n'est pas exclusivement soumis à des exercices physiques; ses parents l'envoient à

---

(1) Les Canaques opèrent avec des coquilles, des tessons de bouteille et un morceau de bois.

(2) Le manou est un mot nouveau donné à une feuille de bananier ou un morceau d'étoffe qui joue le rôle de la feuille de vigne en sculpture.

une sorte d'école, en plein air, où des vieillards lui
enseignent on ne sait trop quoi. Les rudiments
d'école n'existent que dans quelques tribus voisines des centres importants. Dans ces villages,
l'administration a installé des écoles indigènes
dirigées par des blancs, connaissant plus ou moins
le dialecte canaque du centre. Les Canaques
devaient encore, en 1891, sous peine d'amende,
envoyer leurs enfants à ces écoles. J'en ai vu fonc-
tionner plusieurs dans des conditions déplorables.
Les enfants venaient, mais on ne leur apprenait
rien, pas même quelques mots français. Plusieurs
de ces fantastiques écoles n'existent plus, parce
qu'on n'a pas pu découvrir des instituteurs. L'enfant canaque continue, comme par le passé, à ne
meubler son cerveau que des connaissances des
Canaques. C'est peu.

Les Canaques sont essentiellement ignorants, —
ils ne connaissent que leur île. Pour eux, tout le
reste est vague. Ils savent bien qu'il y a quelque
part des Néo-Hébridais, des Salomons, des Wallis,
mais ils ne cherchent pas à savoir où sont les îles
de ces indigènes; ils se contentent d'affirmer qu'ils
demeurent loin, très loin. La médiocrité de leurs
connaissances géographiques n'a d'égale que l'in-
digence remarquable de leur numération. Ils
comptent de 1 à 5, parce qu'ils ont cinq doigts à
chaque main; ils comptent ensuite, en disant 2 fois
5, 3 fois 5, 4 fois 5. Quatre fois cinq leur représente
4 fois leurs doigts et leurs orteils. Après 4 fois 5,
ils disent: beaucoup. Les plus instruits s'aventurent
au-delà de 4 fois 5. Avec les 4 fois 5 doigts ou

orteils, ils forment une unité qui est l'homme. Ils disent un homme, c'est-à-dire 20; deux hommes, c'est-à-dire 40.

Les unités qui leur servent à apprécier le temps, sont :

Le soleil qui représente un jour;

La lune qui représente un mois;

L'igname qui représente une année.

S'ils ont besoin de noter la répétition de certains actes, certains phénomènes, ils font un nœud à une ficelle, chaque fois que le phénomène se reproduit. Une femme canaque me racontait un jour qu'elle avait été battue par son mari. « Combien de fois? » lui dis-je. Elle me répondit en me présentant une cordelette garnie de nœuds.

Une ignorance aussi accusée n'implique nullement une incapacité intellectuelle. La compréhension du Canaque est, au contraire, très vive; son intelligence est pétillante, facile à cultiver, susceptible de se développer sensiblement. Je connais des jeunes Canaques qui savent très bien lire et écrire notre langue; ils tapissent de journaux français les parois de leurs cases. Certains sont doués d'étonnantes aptitudes professionnelles. Les uns feraient d'excellents charpentiers; d'autres aiment le commerce et deviennent de précieux employés de stores. Mamiapo, de Houaïlou, me sculptait des cocos avec beaucoup d'art. En général, leur paresse l'emporte sur leur désir de se distinguer; au lieu de servir chez les blancs, ils préfèrent s'exercer à la sagaie, à la fronde, et se préparer ainsi à l'épreuve des guerriers.

L'épreuve des guerriers a lieu à un pilou. Les candidats sont placés, en groupe, sur le bord d'une rivière, tandis que, sur l'autre rive, se tiennent le groupe de guerriers qui constituent le jury. Les membres du jury lancent des sagaies, des pierres de fronde, aux jeunes Canaques qui doivent se préserver de tout coup, éviter toute atteinte. Les jeunes gens indemnes sortent victorieux de la lutte et reçoivent le titre de guerriers. Une telle consécration ne va point sans une cérémonie particulière, probablement beaucoup plus importante jadis que de nos jours. Les tribus se battaient souvent entre elles autrefois; il n'éclate plus que de rares et insignifiantes escarmouches. Les épreuves des guerriers ont perdu une partie de leur relief; l'habitude doit les maintenir, mais amoindries.

Au temps où les batailles décidaient du sort des chefs et de leurs sujets, les guerriers avaient, sans doute, des privilèges. Je ne leur en connais pas actuellement. Les guerriers ont pourtant quelques prérogatives; les Canaques aiment trop les distinctions sociales pour qu'il n'en soit pas ainsi.

CHAPITRE VII

OBSÈQUES CANAQUES

PILOU DES OBSÈQUES — RITES FUNÉRAIRES — DEUIL
MODE DE SÉPULTURE

Chez eux..., comme en maints pays, l'égalité
n'existe même pas devant la mort. Les obsèques
réunissent plus ou moins de populaire, donnent
lieu à telles ou telles cérémonies, selon que le mort
est chef ou sujet, riche ou pauvre.

Si le décédé est chef de la tribu, les femmes jet-
tent des cris éperdus, pendant des journées entiè-
res. Les hommes et les femmes se scarifient aux
régions supérieures et externes de chaque bras.
Pour cela, ils font chauffer la bractée d'une feuille
de taro, se l'appliquent sur l'épiderme et produi-
sent, de la sorte, une plaie superficielle. Ils mettent
sur cette plaie un fragment de feuille de taro verte.
A quelque temps de là, à chaque point dénudé, il
paraît une cicatrice vicieuse, véritable chéloïde.

Le successeur du chef envoie des émissaires dans les tribus amies, pour annoncer que *le soleil de la tribu est couché*. Les délégations des tribus les plus proches arrivent sans tarder. Les femmes se sont peintes en blanc, au moyen de kaolin; elles ajoutent leurs vociférations aux lamentations des femmes de la tribu en deuil. Un pareil vacarme ne dissipe pas la faim. Tout en hurlant, les femmes préparent des bananes cuites, des taros. De leur côté, les hommes de la tribu offrent à leurs hôtes des ignames, des cocos, de la canne à sucre, des poissons fumés. Et l'on mange! Ce sont les pleureuses, c'est le festin funèbre des anciens. Quand on n'attend plus personne, les hommes se rangent en cercle et se font passer de mains en mains le mort, empaqueté dans des nattes. Chaque Canaque est tenu d'appeler le mort par son nom, d'une voix très forte. A Houaïlou, la pratique des rites funéraires occasionnait un jour un vacarme si assourdissant que je demandai la cause de tant de bruit; il me fut répondu qu'un petit chef d'un village voisin venait de mourir. Je me figurai aisément, ce que l'on doit entendre à la mort d'un grand chef.

L'appel terminé, le cadavre est porté dans une forêt, où on le met sur un arbre, en un endroit retiré, désigné comme lieu de sépulture de la tribu. Au pied de l'arbre, on dispose des ignames, des cannes à sucre, des cocos pleins d'eau, dans le but de rendre le mauvais esprit du mort le moins malveillant possible. Bien que l'administration recommande aux Canaques d'ensevelir leurs morts dans des cimetières qu'elle leur indique, elle tolère le respect d'une vieille croyance, fort chère aux indigènes.

La case où a expiré le chef est brûlée; les autres cases qui lui ont appartenu sont gardées. Le deuil est porté par plusieurs Canaques. Pendant une igname, à Houaïlou, les Canaques en deuil laissent croître leurs cheveux, enveloppés d'un turban d'étoffe d'écorce, et ne parlent qu'à leurs femmes respectives. A la sortie de deuil, les énormes chevelures sont coupées avec des morceaux de coquille ou de verre. Cette toilette coïncide avec l'anniversaire de la mort du défunt, que l'on fête par un grand pilou, dit pilou de mort.

Les obsèques des sujets diffèrent des obsèques du chef, par leur moindre éclat. On n'invite que les amis du mort. Il n'y a pas de pilou important. Le cadavre est porté sur un arbre ou fumé dans une case (1), ou placé dans une pirogue que l'on coule. Dans ces deux derniers cas, les cuisses sont fléchies sur l'abdomen, les bras sont croisés sur la poitrine.

Quel que soit l'endroit où repose le mort, cet endroit devient taboué et inspire un violent effroi aux Canaques, qui n'en approchent qu'avec terreur et qui en défendent l'accès aux blancs.

———————————

(1) Autrefois, on ne momifiait que les chefs. L'année dernière, il existait, aux environs de Toullo, une femme qui conservait son fils momifié dans une case. Cette femme n'appartenait pas à une famille de chef.

CHAPITRE VIII

FÊTES CANAQUES

PILOUS DE GUERRE — PILOUS DE MORT — PILOUS DE RÉCOLTE — PILOUS DIVERS

Les obsèques, les mariages, toutes les cérémonies sont des prétextes à ripailles. Le Canaque est si paresseux! Travailler peu, aller souvent festoyer dans les tribus voisines, voilà son idéal, voilà pourquoi il a tant de fêtes.

Des dispositions qui règlent les fêtes ou pilous, les unes sont générales, les autres particulières. Les dispositions générales sont les invitations et les préparatifs des mets que l'on mange pendant la fête.

Quelque temps avant le jour du pilou, le chef de la tribu hospitalière charge des messagers d'aller inviter les chefs de tribus amies, établies, parfois, à 100, 200 kilomètres. Les invités préparent de longues et grosses cannes à sucre, de superbes ignames, de superbes morceaux d'*awa*, des nattes bien tressées, de beaux poissons fumés ; ils grillent, puis pressent des noix de bancoulier, pour en exprimer un liquide noir, appelé teinture de noix de bancoulier. La tribu qui reçoit amoncelle, dans la grande allée du principal village, en tas égaux, des ignames, des taros, des cocos. Plus il y a d'ignames dans un pilou, plus ce pilou est beau.

Les dispositions particulières du pilou diffèrent selon la nature du pilou. Dans les pilous de guerre contre une tribu, les Canaques simulent l'ennemi, avec des sagaies brisées, des casse-têtes sans valeur, des vieux Canaques. Quand leur pilou de guerre est une déclaration de guerre contre nous, ils nous représentent par des caisses défoncées, des malles hors d'usage, des guenilles, des popinées flétries, blanchies au kaolin. A un signal donné, la horde guerrière, pleine d'orgueil et d'enthousiasme, fond sur l'ennemi, anéantit les moindres débris et déclare les Français vaincus. Après tout, les Canaques dans leurs pilous, les Européens dans leurs grandes manœuvres, ne peuvent guère accorder la victoire à l'ennemi, ni le représenter redoutable. Il y a quelques années, les pilous de guerre n'étaient pas rares. Depuis que nous veillons à tout ce qui se passe, dans l'intérieur, les tribus se battent peu entre elles, et, par suite, n'ont que quelques pilous de ce genre ou n'en ont pas du tout. En 1878, avant l'insurrection, il y eut un grand pilou de guerre. En 1885, il y en eut encore un autre contre nous. Les blancs en furent avertis, prirent des précautions, et les Canaques restèrent paisibles.

Dans les pilous offerts pour fêter l'anniversaire d'un chef, on ne combat pas; on ne se livre qu'à des danses guerrières. J'ai eu l'occasion d'assister au pilou de mort d'un grand chef, Cambo. Dès le matin du pilou, je vis arriver des bandes de Canaques dont quelques-unes appartenaient à des tribus éloignées de cent cinquante kilomètres. Des pirogues amarrées près du village, indiquaient que beaucoup d'indigènes étaient venus par voie de mer.

A l'approche du village, les envoyés des tribus se plaçaient derrière les délégués déjà venus. Les hommes se groupaient; les femmes et les enfants se réunissaient, près des cuisines. Les hommes arrangeaient leurs coiffures, ornaient leurs bras de bracelets de poil de roussette, nettoyaient leurs armes, se barbouillaient avec de la peinture de noix de bancoulier. Les femmes changeaient leurs tapas de feuilles de bananier contre des tapas bruns, de fibres de cocos; elles mettaient des fleurs dans leurs chevelures et se maquillaient avec de la chaux. Une femme ne se maquillait pas seule. Aussi, était-il amusant de voir des centaines de groupes de deux femmes, occupées à s'aider mutuellement dans leur toilette. La femme qui se faisait maquiller reposait sur le gazon, le tronc fléchi sur les membres inférieurs, les yeux fixés stupidement à terre. La femme qui maquillait était debout; après avoir craché dans ses mains, elle frottait vivement le visage et le tronc de la patiente, et appliquait, au niveau des surfaces friction-nées, une épaisse couche de teinture de noix de bancoulier. Sur cette couche noire, elle traçait de longues lignes blanches avec du kaolin.

Les préparatifs terminés, les principaux invités rassemblés, tout bruit cessa brusquement. Au fond de la grande allée de cocotiers, devant la case tabouée où mourut Cambo, les guerriers de l'ancien chef prirent place, debout, tout noirs, des sagaies à la main, un plumet de plumes de coqs enfoncé dans les cheveux, des bracelets aux bras. Ils attendirent là, impassibles. Devant ces nobles personnages, défilèrent, en courbes harmonieuses, toutes les tribus accourues au pilou. Cette partie du pilou est la présentation de l'étranger à l'hôte. C'est la phase la plus noble, la plus imposante de la fête.

Voici la première tribu, celle de Houaïlou; elle se présente la première, parce que son chef, Mindia, était le parent de Cambo. Les membres de la tribu marchent à la file indienne. A la tête sont les vieillards — ils s'appuient sur un long bâton taboué, et n'ont, pour vêtement, qu'un manou en feuilles de bananier. Mindia suit, il n'a qu'un chitet (1). Je reconnais à peine, sous une épaisse couche de teinture de bancoulier, l'élégant chef qui, plusieurs fois est venu me rendre visite habillé à l'européenne. Après Mindia, passent les guerriers, l'air grave, sombres. Tous sont en chitet, mais que d'éléments européens disparates, dans

(1) Le chitet est un morceau d'étoffe jeté autour des reins.

leurs accoutrements. Je remarque une sacoche mise en bandoulière, des lunettes bleues relevées sur le front.

Les armes apportées sont belles, il y a de beaux casse-têtes, des sagaies de guerre, de pilou, énormément de haches de fer.

Les porteurs de présents terminent le défilé. Ils sont chargés de gigantesques ignames, de tiges de cannes à sucre, de rouleaux d'étoffes d'écorce.

Après le défilé, la tribu de Houaïlou se masse en carré dans l'allée des cocotiers, à une centaine de mètres des guerriers de Cambo. Mindia et son chef de guerre se trouvent au centre du premier rang. Le chef des discours monte alors sur une perche, garnie de petites branches; il pousse un de ces cris inhumains dont les sauvages n'ont plus le monopole! Puis, il parle avec une volubilité surprenante. De temps à autre, les guerriers de Cambo répondent par un grognement général : « Hoï! Hoï! » (oui! oui!). Le chef des discours fait appel à toutes ses forces pour parler le plus longtemps possible (1). L'éloquence est en rapport avec la durée du discours. Quand le chef des discours est épuisé, ne peut plus articuler un mot, un dialogue s'engage entre la tribu de Houaïlou et la tribu de Cambo. De chaque côté, on répond à chaque interrogation par des Hoï! Lorsqu'enfin tout le monde est las de crier, des membres de la tribu de Houaïlou se

---

(1) Il dit constamment les mêmes choses : « Sommes-nous vos amis? Trouverons-nous chez vous l'hospitalité? »

livrent à des danses guerrières; d'autres offrent à la tribu de Cambo des étoffes d'écorce de l'awa (étoffe de paix), des ignames. Les guerriers de Cambo donnent, à leur tour, à leurs hôtes, des souvenirs qui doivent avoir une valeur inférieure à la valeur des objets reçus.

Les Houaïlou reforment leur carré et commencent un exercice caractéristique des pilous et de la race canaque. Avec un ensemble parfait, toujours avec le même rythme, ils projettent en avant, tantôt la jambe droite, tantôt la jambe gauche. Chaque mouvement est accompagné de l'exclamation tchi! sifflante et brève. Le sol tremble jusqu'à deux cents mètres de là, les yeux des Houaïlou deviennent hagards. On observe une lassitude générale dans les rangs, quand, tout à coup, chaque Canaque s'anime, se démène rageusement et tombe dans une surexcitation très accusée. Les tchi retentissent, et plus rapides et plus forts. Tous ces indigènes qui s'excitent ainsi, les uns les autres, deviennent finalement terribles; sur un signe, ils tueraient avec ivresse. Ils mettent infiniment d'amour-propre à prolonger leur balancement régulier, car, plus ils le font durer, plus ils sont réputés robustes et redoutables. Sur l'ordre du chef, tous s'arrêtent, en même temps, et vont se coucher sur l'herbe. Une seconde tribu paraît dans la grande allée et renouvelle la série d'exercices des Houaïlou. Il en est de même pour les autres tribus.

Les femmes comptent trop peu pour être présentées. Pendant le défilé des hommes, elles vont un peu en dehors du village, en un emplacement désigné d'avance. Elles fichent en terre une longue perche à l'extrémité de laquelle elles ont attaché des ignames et des taros. Les plus âgées restent au pied de la perche et chantent de mélancoliques mélopées, en frappant, les uns contre les autres, des petits battoirs d'écorce. Les femmes jeunes ou pas encore fiancées, tournent autour des matrones, lentement ou rapidement, selon le rythme des chants. Tout en tournant, elles brandissent des casse-têtes de pilou, des haches de serpentine. Il se dégage de cette agglomération de femmes un parfum et un bruit qui font fuir les moins délicats.

La présentation des hommes achevée, les danses vont leur train. On mange, on boit, les femmes se mêlent aux hommes; les blancs s'éloignent prudemment.

Le lendemain, on mange encore. On mange sans discontinuer, jusqu'à ce qu'il n'y ait plus de provisions, c'est-à-dire pendant deux, trois, quatre jours. On se disperse alors, à regret.

Les petits pilous de naissance, de récolte, de mariage, etc., ne réunissent que peu de Canaques. Les présentations sont supprimées. Ce sont des fêtes de famille.

CHAPITRE IX

DIALECTES

DIFFÉRENCES PROFONDES DES DIALECTES — MOTS NOUVEAUX — BICHELAMAR

Fêtes, coutumes, principes sociaux, croyances superstitieuses sont à peu près semblables dans toutes les tribus de la Nouvelle-Calédonie. Cependant, il existe une distinction essentielle entre ces tribus : il n'en est pas deux qui parlent la même langue. Les indigènes de la tribu de Houaïlou, par exemple, ne comprennent pas leurs voisins, les indigènes de la tribu de Néavin.

La différence qui existe entre les dialectes provient, évidemment, de ces fragmentations sociales qui naquirent, jadis, d'intérêts contraires, de ces haines violentes qui séparèrent à jamais les divers groupes des envahisseurs de la grande terre néo-calédonienne. Mais, quelle qu'ait été la vie indépendante de chaque tribu, la langue parlée primitivement par tous les ancêtres des Néo-Calédoniens actuels n'est point déformée à ce point qu'il devienne impossible de reconnaître des caractères généraux, communs à tous les dialectes d'aujourd'hui.

Ce sont les missionnaires qui ont découvert ces ressemblances. Eux seuls en étaient capables; car, eux seuls pouvaient collationner des études patientes, sûres, faites en de nombreuses tribus, éloignées les unes des autres. Il résulte de leurs recherches que, partout, il y a des élisions, des sons nasillards, rauques avec de fortes aspirations qui rendent très pénible la compréhension d'une conversation. Dans tout dialecte, on observe, aussi, que les substantifs et les adjectifs n'ont ni genre, ni nombre.

L'article et les formes grammaticales du pluriel manquent dans plusieurs dialectes. Les formes grammaticales du pluriel sont parfois remplacées par un mot spécial.

Dans les verbes, le radical reste presque toujours invariable.

Depuis l'occupation, sous l'influence des relations amicales plus fréquentes entre tribus, sous l'influence encore de la fréquentation des blancs par les Canaques, certains mots sont compris et employés par tous les indigènes. En voici quelques-uns :

Kaïkaï : manger ;
Poka : porc ;
Tayo : ami, par extension, homme ;
Popinée : femme ;
Takata : médecin ;
Tamiock : hache ;

Manou : étoffe ;

Farawa : pain ;

Chevali : cheval ;

Casi : case, maison ;

Allumeti : allumettes ;

Pilou-pilou ou pilou : fète ;

Tapa : ceinture de femme ;

Pangara : blanc ;

Katia : lèpre.

Les blancs n'ont pas ajouté que ces mots au dialecte calédonien ; ils ont créé un autre dialecte : le bichelamar, — s'il n'est pas hardi d'appeler le bichelamar un dialecte.

Le bichelamar a pris naissance vers 1850. A cette époque, les relations commerciales des Canaques devinrent tellement suivies avec un Anglais, le célèbre Paddon et les employés de Paddon que toutes les tribus riveraines s'habituèrent à ajouter des mots anglais à leurs dialectes. De leur côté, les Anglais et les autres trafiquants adoptèrent des mots canaques. Il naquit de là une véritable compromission linguistique, une espèce de volapük, une langue informe, sans structure grammaticale. Le bichelamar se généralisa et finit par être usité par nombre de Canaques, — pas par la généralité, heureusement.

La destinée du bichelamar, d'abord si brillante, paraît maintenant condamnée en Nouvelle Calédonie. Les Canaques apprennent de plus en plus notre langue, en travaillant chez nous, en vivant dans les missions, pour mieux manger.

CHAPITRE X

ALIMENTATION

IGNAMES — FÊTE DES IGNAMES — TAROS — VÉGÉTAUX
DIVERS — POISSONS — CUISINE — ANTHROPOPHAGIE

Tout Canaque aime à beaucoup manger. Malheureusement, malgré ses efforts pour embellir sa vie de joyeux et fréquents festins, il ne parvient guère qu'à faire maigre chère. Ses aliments comprennent : l'igname, le taro, la banane, le coco, la canne à sucre, les bourgeons de bourao, les poissons cuits ou fumés, les trochus, les crevettes, les moules, des bourgeons divers, des graines, quelques animaux.

L'igname est une dioscorée à longue et belle tige grimpante ; elle donne un long rhizome, qui est aux Canaques ce que le pain est aux Européens. Le Canaque la mange bouillie ou cuite sous la cendre, seule ou avec du poisson. Les Européens la préparent de façons fort variées : en ragoût, au sucre, en salade. Par sa saveur, sa blancheur, elle rappelle la châtaigne.

La fête dite fête ou pilou des ignames est, après le grand pilou de mort, la plus importante fête canaque. Elle a lieu devant la récolte des ignames; c'est pendant sa durée que l'on fixe les jours où l'on arrachera les ignames dans les tribus de toute une région.

Le jour convenu arrivé, les femmes sortent des villages, vont dans la brousse et y restent un plus ou moins grand nombre de jours; je les ai vues rester trois jours absentes, à Houaïlou. Elles rentrent dans leurs cases après le laps de temps qui leur a été imposé, mais elles ne mangent point d'ignames. Durant les cinq, six ou huit jours qui suivent leur retour (six jours à Houaïlou) elles doivent s'abstenir de ces rhizomes et les laisser à l'entière disposition des hommes. L'igname est tabou pour elles. Je me rappelle qu'en 1891, étant allé à Guan-ru, quelques jours après la récolte des ignames, j'achetai un manteau canaque. Comme je cherchais un Canaque pour transporter mon achat, j'avisai une femme qui me dit, en excellent français : « Monsieur, mon fils vous portera votre manteau. » La pluie commençait à tomber, la nuit venait, je pressai cette femme d'avertir son fils. « Je ne peux pas aller le chercher. » — « Pourquoi? » — « Parce qu'il assiste à la distribution des ignames et les ignames sont tabou pour les popinées. Je ne peux pas l'appeler, je ne peux pas entrer dans l'allée des tayos; si les tayos m'entendaient et me voyaient, je mourrais, quick (tout de suite). » Et, effrayée, elle simulait de tomber sur le sol.

Le taro vit dans l'eau ou dans la terre sèche. Pourvu d'un bouquet de jolies feuilles vertes, spatulées, très larges, il fournit un court et gros rhizome qui constitue avec l'igname la base de l'alimentation canaque. L'igname est résistante, le taro est gélatineux, d'une saveur presque désagréable pour l'Européen. On le mange bouilli.

Chaque vallée a des hectares de ces élégants bananiers, entourés de tant de sollicitude dans les serres d'Europe. Les fruits du bananier, disposés en régime, sont cueillis avant leur maturité, les Canaques ne les mangent que bouillis. Les femmes en font un très fréquent usage.

Les Arabes possèdent le dattier, les Canaques ont le cocotier, ils prennent à cet arbre providentiel : 1º ses feuilles pour protéger leurs cases contre la brise ; 2º ses spathes pour y placer des fardeaux et les porter sur le dos, plus commodément ; 3º l'enveloppe fibreuse de sa noix pour essuyer leurs divers objets ; 4º le noyau, percé d'un trou, pour aller chercher de l'eau ; 5º l'albumen, pour manger ou pour faire de l'huile ; 6º le liquide pour boire ou transformer en vinaigre. Lorsqu'ils veulent cueillir des fruits ou couper des feuilles de cocotier, ils montent au sommet de l'arbre, en tenant leurs troncs éloignés de la tige.

La canne à sucre a été importée, on ne sait par qui, après l'apparition des Canaques dans l'île. Les indigènes en mâchent la tige avec délices pendant leurs promenades.

Les poissons jouent un rôle un peu secondaire, quoique considérable, dans l'alimentation des indigènes. Ils se nourrissent de poissons d'eau douce et de mer. Les meilleurs poissons appartiennent de droit aux hommes. Certains poissons bariolés de vert, de jaune, de rouge, de qualité inférieure sont exclusivement mangés par les femmes. Bons ou mauvais, les poissons sont bouillis ou fumés; la plus grande partie est fumée et puis placée dans des magasins.

Les trochus, les ptérocères, les nautiles, les gros doliums, les arches, les maetres sont cuits sous la cendre. Ce sont des mets aussi appréciés que les sauterelles géantes de cocotier, les criquets voyageurs, les bourgeons de bourao, les petites morelles indigènes (*solanum viride*, Forst), les larves de *malladon costatus* (montrou). Les Canaques trouvent ces larves dans les troncs secs de *semecarpus atra*. Ils capturent des roussettes, au moyen de filets établis sur les cocotiers; tuent des rats, des notous *(Phonorrhina Goliath*, G. R.), avec leurs sagaies, et capturent à la course les poules sultanes *(Porphyris)*.

La cuisson des végétaux et des quelques animaux a lieu devant ou dans les cuisines. Si le feu manque dans les cuisines, ce qui n'arrive pas souvent, les indigènes l'obtiennent en frottant d'une manière spéciale deux morceaux de bois dur (1). Beaucoup

---

(1) Le moins dur de ces deux bois est *Clanothus Capsularis*, Forst.

d'entre eux ont des allumettes. Le feu est entre-
tenu avec le bois apporté par les femmes qui sont
d'ailleurs chargées de tous les travaux de la cuisine... bien simple. Il s'agit de faire cuire sous la
cendre ou de faire bouillir dans des marmites, en
terre autrefois, en fonte aujourd'hui, les divers
aliments choisis pour le repas.

Le sel nécessaire est récolté sur le rivage ou
dans de véritables salines. L'huile et le vinaigre
viennent du coco.

Comme on le voit, les Canaques vivent surtout
de féculents. Autrefois, ils s'offraient des aliments
azotés en mangeant les ennemis tués dans les
combats si fréquents entre tribus. Ils ne dédai-
gnaient pas d'ajouter à leurs menus les vieillards
inutiles.

Si les blancs deviennent anthropophages en
Nouvelle-Calédonie (affaire de Païta, 1891), je ne
sais pas, personne ne sait si les Canaques ont cessé
de l'être. Quelle que soit la multiplicité des moyens
d'information dont on dispose, on ne connaît des
affaires canaques que ce que les Canaques veulent bien nous en avouer. Les blancs sillonnent
la plupart des tribus ; il y a, dans chaque tribu, des
Canaques salariés pour avertir l'administration des
événements graves. Tout cela n'empêche point les
indigènes d'en agir à leur guise. En tous cas, il est
indéniable que l'anthropophagie disparaît, si elle
n'a pas disparu, — ce qui n'est pas sûr. Elle s'éteint
parce que la liberté individuelle s'accuse, parce
que les sujets fréquentent Nouméa et y acquièrent la
notion de leurs droits, parce que les guerres entre

tribus diminuent très sensiblement. Je n'ose pas
dire que l'anthropophagie s'efface parce que les
Canaques sont mieux nourris. Bien que l'anthropophagie s'observe de préférence dans les régions
dont la faune terrestre est très pauvre, elle coexiste
avec l'abondance des vivres. Les Canaques man-
geaient leurs semblables pendant les pilous. En
1893, les Néo-Hébridais ont des porcs, mais ils
aiment bien mieux la chair humaine. D'ailleurs,
les morceaux recherchés par les Canaques n'étaient
pas les plus nutritifs. Ils préféraient les mains, le
cœur et le cerveau qui revenaient au chef, aux
principaux personnages. Les sujets recevaient les
gros muscles.

CHAPITRE XI

LA PÊCHE

PÊCHE EN MER — PÊCHE EN RIVIÈRE — VIVIERS

Le Canaque pêche en mer, dans la rivière, dans les viviers. La grande pêche est la pêche de mer. Le matin, assez tard, parce qu'il craint le froid, il embarque sur sa pirogue sa femme et ses enfants, ses provisions de la journée, n'oublie pas sa pierre fétiche de la pêche et part, avec la brise de terre, pour les grands récifs. Son embarcation ne manque point d'être gracieuse ; elle évolue lentement, avec sa voile de pandanus, son balancier et son équipage, au milieu de la mer bleue. Si, d'aventure, le vent mollit, la voile est amenée, les nageurs manient en cadence les lourds avirons plats, en courbant bien bas la tête. Le but atteint, l'aspect de la pirogue change ; l'animation remplace une immobilité voulue. On tire sur les cordes des filets, on s'entraîne, les enfants plongent s'ils voient des trochus. C'est ainsi que j'ai vu pêcher de splendides trochus maximus roses et blancs, des homards, des langoustes. Au déclin du jour, la pêche prend fin, la pirogue rentre dans son petit havre.

Lorsque, dans la journée, la mer est devenue dangereuse, les Canaques cherchent un refuge sur un des nombreux îlots qui se trouvent entre la grande terre et les récifs. Il faut que la mer soit bien furieuse pour que les pêcheurs s'arrêtent de la sorte. Ce sont d'excellents marins, de solides nageurs, élégants dans leurs manœuvres. Par un gros temps qui n'avait pas permis à mon canot de continuer sa route au large, j'ai admiré deux pirogues à balancier lutter efficacement contre d'énormes vagues, traverser une passe périlleuse et accoster en rivière avec des équipages qui chantaient et riaient, se moquaient de *Cazin*, le vent violent venant de l'ouest.

La pêche dans les rivières offre moins d'obstacles, est suivie de moins de fatigues, mais procure évidemment, moins de poissons ; elle se fait au filet, à la ligne et à la torche. Le filet pour la pêche en rivière ressemble à l'engin de pêche que nous appelons tramail : c'est la même forme, la même hauteur ; les flotteurs sont remplacés par de petits morceaux de bois à gros canaux médullaires ; au lieu de balles de plomb, il y a des cailloux ; des fibres de magniania, tressées au moyen de navettes, constituent les mailles.

Le Canaque pêche au filet, par besoin ; il pêche souvent à la ligne, par plaisir. Ses hameçons, naguère en nacre, en serpentine, aujourd'hui en fer, sont amorcés avec des vers de terre, des petits poissons, des crevettes. Il siffle pour attirer les poissons, reste immobile, pour ne pas les effrayer. Il est fréquent par un beau coucher de soleil, de rencontrer, sur les bords d'une rivière, quelques Canaques qui pêchent, assis sur leurs talons, ressemblant à des tabous, plantés sur le rivage.

Les Canaques n'ignorent point qu'en mer ou en rivière les poissons se précipitent, la nuit, là où brille une vive lumière. Par des nuits très noires, calmes, pas pluvieuses, ils montent sur leurs pirogues simples, vont en rivière, tiennent allumées des torches de feuilles de cocotier sèches et transpercent de leurs sagaies ou capturent avec leurs filets les poissons qui passent près d'eux.

Leurs viviers leur permettent de remédier à leurs pêches malheureuses en mer et en rivière. Si, avec leurs pirogues et leurs lignes, ils n'ont pas pris la quantité de poissons qui leur est nécessaire, ils vident à moitié un de leurs viviers et y choisissent les poissons qu'ils désirent. Vider un vivier est une importante affaire, ils n'ont recours à ce moyen extrême, que pour amasser des provisions de poissons destinées à des pilous.

CHAPITRE XII

LES CULTURES

TARAUDIÈRES — PLANCHES D'IGNAMES — BANANERIES
CANNES A SUCRE

Les résultats de la pêche sont incertains; les
vivres ne sont point inépuisables; la chasse ne
fournit que peu de gibier. Bien que, avant tout
imprévoyants, les Canaques doivent songer à une
alimentation assurée. Ils font des cultures.

Ils ont des cultures d'ignames, de taros, de
cannes à sucre, de bananiers, de cocotiers. Ces
travaux ne réclament ni une dépense de forces
bien sensible, ni une assiduité bien grande. Les
Canaques espacent leurs travaux agricoles; ils les
font précéder et suivre de fêtes, comme s'ils vou-
laient en atténuer les fatigues.

Afin de diminuer la peine de chacun, tous vont
aux champs. Les pêcheurs, les fabricants de pirogues abandonnent leurs occupations habituelles.
Toutefois, si l'usage veut que toute une tribu soit

contrainte à veiller à ses cultures, il ne s'en suit
pas que tous les efforts soient concentrés en un
champ commun. Le socialisme canaque ne va pas
jusque-là. Il n'y a point de champ de culture
indivis entre les membres de la tribu. Chaque
Canaque possède des lopins de terre délimités.
Mais, les champs de plusieurs Canaques se trouvent, soit contigus, soit à une faible distance les
uns des autres. Il y a à cela des raisons multiples.
D'abord, les Canaques n'aiment pas à se rendre
isolément d'un point à un autre; et, souvent les
champs de cultures sont à 5, 10 kilomètres de la
tribu. D'autre part, les irrigations nécessaires, les
taros, les défrichements de planches d'ignames ne
sont possibles qu'au prix d'efforts collectifs. Les
indigènes d'une tribu s'unissent donc pour construire ou améliorer leurs canaux, pour défoncer
les terres où l'on plantera des ignames.

Les canaux représentent les plus grands, les
plus remarquables travaux des Canaques. Certains
champs de taros ou taraudières sont irrigués par
une eau venant de 2, 5, 8 kilomètres et plus. Les
ancêtres des Canaques actuels captaient parfois
l'eau à 10 kilomètres de leurs taraudières. Anciens
ou récents, les canaux sont tous bien tracés, d'une
inclinaison intelligemment obtenue.

Dans une taraudière, la prise d'eau n'est pas
seule digne d'attirer l'attention : la disposition
générale du champ est toujours fort ingénieuse.
Toute taraudière s'étend sur le flanc d'une montagne; elle commence à une assez grande hauteur
afin que l'eau puisse alimenter un plus **grand**

nombre de taros. Elle se compose de petits bassins disposés en gradins.

L'eau arrive dans le bassin le plus élevé, en sort par une rigole, tombe dans le bassin immédiatement inférieur, va, de ce bassin, dans un bassin encore plus bas. Ainsi de suite. Le courant d'eau est faible; il ne doit pas entraîner la vase dans laquelle les taros sont enfouis jusqu'au collet.

Tous les travaux d'une taraudière s'effectuent au moyen d'un bâton et d'une pelle de bois, — les seuls instruments aratoires. Comme la pelle a de la valeur, beaucoup de Canaques creusent les bassins, en s'aidant de leurs mains. Ils rejettent, sur les bords, la terre qu'ils prennent au centre. Les bordures, ainsi formées, sont plantées de bananiers et de cannes à sucre.

Les grandes taraudières se ressemblent. Les petites diffèrent beaucoup entre elles ; plantées de taros susceptibles de vivre sans avoir les racines submergées, elles s'étendent le long des rivières et des marais, dans des marais humides.

Les taros des bassins (colocassia esculenta, Schott, arum esculentum, Lin), et les taros des terres relativement sèches, se plantent et se mangent en toutes saisons.

Les travaux exigés par les ignames sont plus pénibles, de plus longue durée que la plantation des taros. Il faut défoncer profondément la terre qui recevra les rhizomes et suivre, avec attention, le développement de la plante.

Quand les Canaques veulent s'occuper de leurs

ignames (1), ils choisissent un terrain vierge ou resté en jachère, pendant sept années. Ce terrain étant invariablement couvert d'arbrisseaux, de broussailles, ils y mettent le feu. Dès que les flammes ont tout brûlé, ils labourent avec une perche. Deux ou trois mois après, ils bouleversent le sol avec leurs bâtons de bois de fer et l'arrangent en croissants ou demi-croissants. La disposition en croissant rappelle peut-être une phase de la lune, astre adoré jadis par les Canaques, paraît-il ; elle permet, au moins, aux eaux de s'écouler aisément.

La terre, maintes fois remuée, finement pulvérisée, on attend quelques semaines, puis, on indique, avec des roseaux, les endroits symétrique où on piquera les rhizomes. A chaque roseau, on pratique un énorme trou où l'on met un rhizome. La surface de la planche d'ignames est alors soigneusement égalisée. Un mois plus tard, les rhizomes donnent des tigelles qui se couvrent bientôt de larges feuilles. Les Canaques enfoncent, alors, dans la terre, près de chaque igname, une très longue perche qu'ils inclinent du côté d'où vient normalement le vent. Le diamètre de cette perche est trop gros pour servir de support à la frêle tige de l'igname ; on enroule donc la tige sur un petit roseau que l'on fixe à angle aigu, d'une part, près de l'igname, et de l'autre, sur la perche.

---

(1) Deux ignames sont indigènes : *dioscorea bulbifera* et *dioscorea pentaphylla*, les trois autres, *d. alata, d. nota, d. aculeata* ont été importées.

L'igname ne tarde pas à croître en volume, en vigueur. La grande perche se couvre d'élégantes feuilles au milieu desquelles se cachent d'imperceptibles fleurs verdâtres. Pour arrêter un développement excessif, les Canaques pincent les extrémités de la tige.

Dans les tribus du centre et du nord, les indigènes placent un trochus à chaque pied d'igname pour conjurer les mauvais esprits, les empêcher de nuire à la plantation. Ils croient encore favoriser la croissance de leurs ignames en jouant de la flûte le soir, près de leurs champs.

Après l'igname et le taro, la plante la plus utilisée est le bananier. Le bananier pousse partout, dans les vallées alluvionnaires, sur les flancs des côteaux ferrugineux et schisteux. Un peu de terre, beaucoup de fraîcheur suffisent aux bananiers; aussi les bananeries ou champs de bananiers sont-elles extrèmement communes en Nouvelle-Calédonie: tout coin humide en est couvert. La culture du bananier est la moins pénible de toutes les cultures canaques. Il suffit de creuser un trou dans une terre défrichée imparfaitement, de jeter dans ce trou un jeune plant de bananier frais et d'attendre le moment où les régimes seront assez bien formés pour être cueillis.

Quelques espèces de bananiers sont indigènes (musa fehi, m. paradisiaca, m. discola, m. opïete), d'autres ont été importées, notamment de la Réunion.

La canne à sucre a été importée en Nouvelle-Calédonie, à une époque qui n'est pas lointaine;

les Canaques, qui en sont très friands, l'ont plantée un peu de tous côtés, dans leurs champs, sur les bordures de leurs taraudières, au milieu de leurs planches d'ignames, entre leurs bananiers; elle n'a pas de pierre fétiche.

Les Canaques plantent la canne à sucre pendant toute l'année; ils mettent simplement en terre les racines de jeunes tiges. Les feuilles poussent vite, très vertes, très longues. Lorsque les tiges acquièrent un diamètre de cinq centimètres environ, on les fixe à un tuteur; si l'on désire les voir devenir volumineuses, riches en éléments sucrés, on les entoure de leurs feuilles et on lie le tout autour du tuteur.

Les Canaques cultivent plusieurs espèces de cannes à sucre, pour leur consommation seulement. Soit manque d'initiative, soit paresse, ils n'ont jamais fourni de canne à sucre à l'industrie sucrière. Ils ne vendent aux blancs, en grandes quantités, que leurs cocos ou l'albumen desséché de ces cocos.

Ils plantent, autour de leurs cases, du tabac dit indigène (importé en réalité) et du café, — mais en très petite quantité. Ils ont pourtant des terrains fort propices à la culture de ces deux plantes.

CHAPITRE XIII

LES ARMES

CASSE-TÊTES — SAGAIES — HACHES — FRONDES

Les Canaques ont des armes défensives : le casse-tête, la hache, et des armes offensives : la sagaie, la fronde.

Le casse-tête est droit, courbe ou à bec d'oiseau. Le casse-tête droit comprend un manche droit, lisse, de 0ᵐ70 à 0ᵐ80 de longueur, de 0ᵐ02 à 0ᵐ03 de diamètre et une tête de forme variable, rappelant vaguement un champignon. Le casse-tête courbe, très rare aujourd'hui, est composé d'un manche courbe, lisse, semi-circulaire, et d'une tête semblable à celle du casse-tête droit. Le casse-tête à bec d'oiseau est formé d'un manche droit, lisse, rond, recourbé à une de ses extrémités. La partie recourbée se termine par une petite branche aplatie, triangulaire, dont la base se confond avec le manche. Les casse-têtes à bec d'oiseau ne diffèrent guère les uns des autres que par le degré de déviation du manche et de la petite branche. Chez quelques-uns, la déviation représente un angle droit, chez les autres un angle aigu ou légèrement obtus.

Casse-têtes droits, courbes et à bec d'oiseau sont fabriqués avec un bois très dense, le plus souvent avec *casuarina equisetifolia* (Forst), communément appelé bois de fer. Aussi, fallait-il très longtemps autrefois pour faire un casse-tête. Maintenant, les Canaques remplacent la hache de pierre par la hache de fer et taillent rapidement leur arme de guerre favorite. Le polissage demande encore de longs mois, des années. C'est qu'en effet, un beau casse-tête doit non seulement être de beau bois, avoir une forme déterminée, mais il doit aussi être finement poli et offrir une jolie teinte rougeâtre ou rouge-noire. Pour obtenir ce poli si recherché, les Canaques frottent, sur leurs cuisses, les manches de leurs casse-têtes, dès qu'ils sont assis. Le poli naturel, si difficilement obtenu, est imité avec des vernis.

C'est là, un des travaux qui charment les nombreux loisirs des condamnés, évadés, libérés et relégués : la besogne leur fait réaliser de gros bénéfices. La plupart des étrangers qui passent en Nouvelle Calédonie désirent rapporter des armes de l'île. Les casse-têtes constituent les souvenirs les plus faciles à acheter, les plus commodes à transporter. On achète donc des casse-têtes. La demande dépassant prodigieusement la production, les marchands vendent à l'acheteur de passage des casse-têtes fabriqués par les blancs. Ces

casse-têtes, dits d'exportation, ne comprennent
pas, je crois, le casse-tête droit à tête de champignon dont se servait le sorcier pour immoler ses
victimes. Je me suis procuré un casse-tête de
ce genre, dans des circonstances qui m'ont révélé
une coutume bizarre concernant les casse-têtes en
général.

J'allais de Ponérihouen à Houaïlou, en suivant
les sentiers muletiers, lorsque j'aperçus une longue
théorie de Canaques. Ils venaient d'un pilou et
portaient des armes. Je m'informai auprès du
chef si je pouvais acheter des casse-têtes ; je m'en
procurai un d'immolateur ; je payai et je serrai
la main du chef. Nous nous quittions tous satis-
faits. Au moment de partir, j'ôtai les fougères qui
entouraient mon casse-tête et les jetai, parce qu'elles
m'empêchaient de bien tenir mes guides. Aussitôt
un Ka! (1) formidable s'éleva. Je me détournai
pour constater ce qu'avaient les indigènes : je les
vis me regarder méchamment et protester claire-
ment contre ce que je venais de faire. J'appris, le
soir, qu'en parcourant toute tribu qui n'est pas la
leur, les Canaques entourent leurs casse-têtes de
feuilles (généralement des feuilles de fougère);
ôter ces feuilles, c'est commettre un acte d'hosti-
lité.

Outre les casse-têtes de guerre, il existe un casse-
tête de paix qui ne sert que dans les pilous. Le

---

(1) Ka! exprime la désapprobation violente, la colère. Le
Ka! de Houaïlou, de Neavin devient Tcha! Kar! dans d'autres tribus. Le contraire de Ka! est Naheu! en Houaïlou.

casse-tête de pilou est un morceau de bois, terminé à une de ses extrémités par six ou sept petites branches perpendiculaires à l'axe et disposées en couronne. Toujours fait à la hâte, sans habileté, il porte, à ses branches, des cordons de poil de roussette.

Des divers casse-têtes, le plus dangereux est le casse-tête à bec d'oiseau, instrument contondant par sa tête, tranchant par sa pointe. Les casse-têtes droits sont surtout contondants; ils sont légèrement tranchants par la périphérie de leurs têtes. D'une façon générale, tout casse-tête est une arme très dangereuse entre les mains d'un indigène.

Les casse-têtes à bec d'oiseau ne figurent qu'aux pilous. Les indigènes n'ont, de coutume, que le casse-tête droit qu'ils portent sur l'épaule ou en bandoulière.

Le casse-tête est une arme pesante, la sagaie est une arme légère, destinée à frapper, au loin. C'est une tige de bois de 2 mètres à 3^m 50 de long, de 0^m 01 à 0^m 015 de diamètre, cylindrique en son milieu, effilée à ses deux extrémités.

Il y a des sagaies de pilou, de guerre et de pêche. Les sagaies de pilou mesurent 3 à 3^m 50 de longueur; elles sont ornées, à peu près à leur partie médiane, de petits tabous et de bandelettes de bois sur lesquelles s'entrecroisent harmonieusement, des cordelettes de magniania et de poil de roussette. Les sagaies de pilou, susceptibles de très bien transpercer un homme, ont un aspect d'arme de parade qui manque totalement aux sagaies de guerre.

La sagaie de guerre mesure de 2 à 2ᵐ 50 de longueur, 0ᵐ 01 de diamètre ; elle est complètement unie, flexible à ses extrémités, très droite, quand on ne cherche pas à la projeter.

Les sagaies sont lancées à dix, trente et cinquante mètres, avec un *doigtier*, courte corde de fibres de cocos que l'on enroule autour de la sagaie. Le doigtier a pour but d'imprimer un mouvement de rotation, — si bien que les Canaques possèdent, depuis des siècles, une arme animée du mouvement propre au projectile lancé par nos canons rayés.

Les sagaies jouaient un rôle essentiel autrefois. Les Canaques s'évertuaient à en faire de bonnes. Pour obtenir des sagaies, sans déviations, sans nodosités, susceptibles de modifier la direction de l'arme, ils choisissaient de jeunes tiges qu'ils faisaient pousser perpendiculairement au sol jusqu'à ce qu'elles fussent assez longues pour constituer de solides sagaies. Ils enlevaient l'écorce, effilaient les extrémités avec des coquilles et laissaient sécher. Je ne sais si les Canaques continuent à prendre tant de précautions. Il est certain que, dans les grands pilous, ils ont des sagaies magnifiques dont ils ne se dessaisissent pas. Par contre, ils se débarrassent de sagaies grossières qu'ils jugent excellentes pour les blancs.

Leurs sagaies de pêche sont de longs et gros bâtons, pourvus, à une de leurs extrémités, de quatre à six petites branches de bois de fer, très pointues, solidement maintenues autour du bâton, par des cordelettes de magniania.

Tout autour de la tête des indigènes court une cordelette de magniania, le plus souvent dissimulée dans la chevelure. De un mètre de longueur, terminée par un coquet pompon, la cordelette semble insignifiante. C'est l'arme la plus terrible des Canaques, c'est la fronde. Les indigènes manient la fronde avec une merveilleuse adresse; ils s'en servent pour frapper insidieusement des personnes qui ne les voient pas, qui meurent sans savoir d'où est parti soudain le coup mortel. Avec la fronde, les indigènes lancent des fragments de serpentine, de quartz, ovoïdes, polis, comme s'ils savaient que, moins leurs pierres de fronde seront bosselées, rugueuses, moins elles dévieront. Ils portent les pierres de fronde dans une ceinture tressée en magniania ou dans un petit panier de pandanus. En temps ordinaire, les belles pierres de fronde sont remplacées par des pierres taillées dans les schistes peu durs.

Les Canaques n'ont pas d'arcs. Sur la côte Est, quelques-uns emploient des arcs informes, imités des remarquables arcs néo-hébridais.

CHAPITRE XIV

LES ARTISANS

HACHES DE PIERRE — PIROGUES — INSTRUMENTS DE
MUSIQUE — POTERIE — TABOUS — MASQUES —
BRACELETS — VANNERIE — ÉTOFFES D'ÉCORCES —
MONNAIE — COLLIERS — PEIGNES — POIL DE ROUS-
SETTE — PLUMETS.

A l'époque où les Canaques vinrent en Nouvelle-
Calédonie, les travaux devaient être communs. La
division du travail s'établit, sans doute, insensible-
ment, à mesure que les premiers besoins de l'existence devinrent moins pressants.

En 1843, les Français trouvèrent dans l'île des
professions distinctes. Il y avait des fabricants de
haches de pierre, de pirogues, de filets, d'étoffes
d'écorces, de monnaie, de bracelets, d'armes, de
vannerie, de poterie. L'apparition des colons et
des colporteurs dans l'intérieur, la fréquentation
du chef-lieu par les Canaques ont ôté de l'importance aux professions indigènes. Les Canaques

achètent des haches de fer, des marmites de fonte; ils se servent beaucoup de notre argent ; un grand nombre s'habillent avec nos étoffes. Toutefois, si les professions ne sont plus exclusivement exercées par des spécialistes, elles n'ont pas toutes disparu. Dans une tribu, tel ou tel Canaque fait surtout des pirogues, tel autre fabrique des filets. J'ai vu un atelier de vannerie à Guan-ru.

Haches. — De leurs anciennes industries, la plus indispensable était la fabrication des haches de pierre. Que de peines, que de temps coûtait une hache de pierre! et ne coûte-t-elle pas encore, car ils en fabriquent quelques-unes. Pour faire une hache, il faut choisir, plus exactement, il faut découvrir un beau fragment de serpentine ou de calcaire quartzeux. Il faut, ensuite, user le fragment avec une autre roche ou un morceau de bois. J'ai rencontré un individu de Mea-Guan-ru, sur la Camouil, occupé à finir une hache de cuisine assez laide : il y travaillait depuis un an.

Quelle que soit la nature de la roche employée, ils donnent à leurs haches la forme de disques très aplatis. Les haches de grès, de calcaire quartzeux servaient de haches de travail ; les haches de serpentine, extrêmement belles, étaient et restent des haches de parade que les femmes portent dans les pilous importants.

Outre les haches, les indigènes avaient un instrument fort employé : l'herminette de serpentine. L'herminette ressemble à un coin très aplati, tranchant à un de ses bords ; c'est l'herminette de nos charpentiers. Ils ne l'utilisent plus, ne savent même plus l'emmancher solidement. On en trouve, sans manche, dans les décombres des cases indigènes incendiées en 1878. Les vieux Canaques les emmanchaient de la façon suivante: Après avoir complètement achevé une herminette, ils l'enclavaient dans une entaille faite à une tige ou à une branche d'arbre. Ils laissaient pousser la tige ou la branche qui, en augmentant de volume, exerçait une pression énorme sur l'herminette. Quelques années plus tard, ils coupaient la branche. La solidité s'obtenait aux dépens de la rapidité.

Pirogues. — Les Canaques aiment les pirogues; pour eux, une jolie pirogue est une petite fortune. Autrefois, les tribus valaient par le nombre de leurs pirogues. On disait : c'est une tribu de trente, de cinquante pirogues ; soixante-dix pirogues faisaient de la tribu de Koumac une tribu très riche.

Grâce aux grandes pirogues, on évitait de traverser les tribus ennemies, on entreprenait de longs voyages sur les côtes, on opérait des transactions commerciales impossibles par voie de terre. Les tribus du Nord, montées sur leurs pirogues, allaient assister aux pilous du Sud, en s'épargnant les fatigues d'une route difficile, coupée par des centaines de rivières et de ruisseaux. Les temps ont changé! Les Canaques possèdent de nombreuses pirogues et s'en servent; mais il n'y a plus le petit mouvement maritime du commencement de ce siècle. En 1893, les indigènes s'embarquaient sur les vapeurs pour leurs voyages à Nouméa; ils empruntent les canots des blancs,

pour aller à la grande pêche ; quelques-uns ont des
côtres. Ils n'utilisent plus leurs pirogues que pour
se rendre à des tribus plus proches par voie de mer
que par voie de terre, pour pêcher sur les côtes.
Les Canaques de l'île des Pins apportent journel-
lement sur des pirogues, à Nouméa, des volailles,
des porcs, des langoustes, des ignames, des fruits,
des taros, des coquillages.

On a donc besoin de construire des pirogues ; on
les construit dans des chantiers installés près
d'une rivière, près d'un bras de mer, bien abrité.
Toute pirogue est faite d'un seul tronc d'arbre, qui
n'est pas amené sans péripéties sur le chantier.

Le Canaque riche, désireux de faire une pirogue, se met en quête d'un arbre. Il va dans les
forêts, interroge adroitement les autres indigènes.
Son choix fait, il abat l'arbre et le paie à son propriétaire. Le transport commence avec solennité.
Un sorcier, à califourchon sur le tronc, invoque les
esprits, s'efforce, par ses incantations, de le rendre
propice. Le tronc avance, par monts et par vaux,
par eau, s'il est possible, toujours escorté du sorcier qui recommande d'éviter le plus possible les
blancs. Le voyage terminé, l'équarrissage a lieu.
Puis on creuse une cavité au milieu du tronc et on
y allume un feu que l'on surveille minutieusement
jour et nuit. On ne l'éteint que lorsqu'on juge le
tronc suffisamment profond. Les travaux s'arrêtent
là, si l'on veut une pirogue simple, destinée à navi-
guer en rivière ; si l'on veut une pirogue allant en
mer, on ajoute un balancier ou une autre pirogue.
On a, dans ce cas, une pirogue double.

Le jour du lancement est jour de fête. La tribu se réunit près de la pirogue ; le propriétaire embarque du poisson, des taros, des ignames, des cannes à sucre, lève l'ancre (une grosse pierre fixée à une grosse corde de magniania), et s'en va non loin de la côte. A son retour, il jette aux curieux, sur la rive, tout le contenu de l'esquif, comme prémisses heureuses du chargement qu'il aura à débarquer dans la suite.

Instruments de musique. — Les Canaques ne connaissent que deux instruments de musique : le battoir et la flûte à deux trous. Le battoir est un morceau d'écorce, replié sur lui-même. La flûte est un roseau de 0^m01 de diamètre, de 0^m50 à 1 mètre de longueur, gracieusement recourbé. Pour transformer un roseau en flûte, le Canaque enlève les nœuds siliceux, obture avec de la résine de kaori les ouvertures ainsi faites et pratique un trou à chaque extrémité.

Marmites. — Il existe des tribus retirées où les femmes fabriquent encore des marmites de terre ; les tribus voisines de Touho, par exemple.

Pour fabriquer une marmite, la popinée fait un mélange d'argile et de sable. Avec un fragment de la pâte ainsi obtenue, elle forme le fond de la marmite, puis étirant en boudin une nouvelle quantité de pâte, elle constitue des parois inégales qu'elle rend égales en malaxant avec la main à l'extérieur, avec un caillou à l'intérieur. Elle orne son vase de deux tabous et de lignes géométriques, l'entoure de charbons ardents et le laisse se durcir. Que de fois il y a des fissures! La cuisson terminée, heureusement, elle vernit sa marmite avec de la résine de kaori *(Dammara lanceolata)*.

Tabous. — Il y a des tabous extemporanés, faits en quelques minutes, avec des brins d'herbes, des tiges entrelacées; il en existe d'autres dont la fabrication exige un temps très long : ce sont les tabous de case.

Une case a quatre tabous : un au sommet de la la case, un au seuil, un de chaque côté de la porte. Le nombre est constant. Il en est de même du type: chaque tabou doit représenter une face humaine. Mais combien de formes données à cette face, que de fantaisies, que de différences on remarque d'une tribu à une autre tribu. Le tabou du sommet de la case est celui pour lequel le sculpteur dépense son talent sans compter.

Masques. — Masques de danse et masques de guerre disparaissent. Les masques de danse ne comprennent qu'une face de bois, grossièrement indiquée. A la périphérie de cette face, on attache des fibres végétales diverses. Les masques de danse se tiennent à la main au moyen de la poignée; ils sont colorés avec de la teinture de bancoulier.

Le masque de guerre est un monument; on y trouve une face de bois, une coiffure en cordes de coco et, au-dessus de la tête, un treillis de cordes auxquel sont fixées des plumes de notou. Le but de ce masque est d'effrayer l'ennemi; les femmes en menacent leurs enfants comme d'un croquemitaine.

Bracelets. — Pour obtenir des bracelets, on use le *conus millepunctatus* jusqu'à la base, on enlève la partie centrale et on soumet au polissage la partie externe. Ces opérations successives, de très longues durées, sont devenues relativement courtes, depuis que les fabricants de bracelets emploient la lime. Les hommes, les femmes et les enfants ornent leurs bras de bracelets.

Monnaie. — C'est également en usant l'extrémité pointue de petits coquillages que les Canaques préparent leurs monnaies. Ils en ont deux : monnaie d'argent et monnaie d'or. La monnaie d'argent est blanche, elle est composée d'extrémités de coquilles usées et enfilées en chapelet. La monnaie d'or, bien plus précieuse, est faite avec des extrémités de coquilles noires, enfilées aussi en chapelet. Les deux monnaies se mesurent avec le pouce, la main, l'avant-bras et le bras. Les Canaques les enferment dans un petit fragment de spathe de cocotier qu'ils ornent de poil de roussette.

Ils emploient notre argent et leurs monnaies dans leurs transactions commerciales ; ils ne se servent que de leurs monnaies pour payer un meurtre (prix du sang), une femme, rémunérer un sorcier.

Vannerie. — Avec les grandes nervures de feuilles de cocotier, les femmes font des plateaux pour les débris de repas, d'élégants paniers ; avec le *pandanus reticulatus*, elles tressent de fort jolies nattes, des manteaux.

Etoffes. — Les Canaques enlèvent l'écorce du banian (*ficus prolixa*), la martellent avec un instrument particulier, la transforment en étoffes brunes dont ils tirent vanité. Ils préparent leur étoffe de paix avec *Broussometia papyrifera* (Forst). Leurs étoffes d'écorce leur servent pour les coiffures ordinaires, les coiffures de deuil. Ils supendent du *beu* et de l'*awa* dans leurs cases — cela pour pour observer un vieil usage dont l'origine leur importe peu. « Nos papas faisaient comme ça. »

Colliers. — Le plus beau des colliers, le collier en serpentine, est formé d'un nombre très variable de petits fragments ou perles de serpentine, percés en leur centre et polis. La confection d'un collier de serpentine demande des années. D'ordinaire, on ne fait pas un collier de toutes pièces. On achète des perles et on les ajoute à celles que l'on possède déjà. Les perles de serpentine se transmettent dans les familles de génération en génération.

Les colliers préparés avec de petites olives, des natica, sont infiniment plus communs, — ce sont les colliers que portent généralement les femmes; à une certaine époque de l'année, ces dernières font de gracieux colliers avec les superbes fruits rouges de l'*abrus precatorius*.

Peignes. — On fait des peignes avec des parois de bambou. Les peignes de femmes sont plus larges que les peignes des hommes. La règle souffre, pourtant des exceptions. Il y a des peignes

(Ponérihouen), composés de cinq, six, dix bâton-
nets de tamanou, arrondis, rivés entre eux.

Poil de roussette. — Ce qui domine, dans l'orne-
mentation des Canaques, c'est le poil de roussette, tressé en cordelettes. Les Canaques mettent
du poil de roussette à leurs sagaies de pilou, à
leurs bracelets, à leurs colliers, à leurs mollets, à
leurs cous. Ils préparent leurs cordelettes avec du
poil de roussette qu'ils tressent et teignent ensuite, en rouge brun foncé, avec le *mormon citri-
folia.*

Plumets. — Les hommes aiment fort à orner
leurs cheveux de plumets blancs qu'ils font :
1º avec des nervures de cocotier, garnies de coton ;
2º avec des tiges de cocotier ; 3º avec de grandes
plumes de coqs. Ils n'élèvent de volailles que
pour avoir des coqs blancs qui leur donneront de
longues plumes.

CHAPITRE XV

ÉTAT ÉCONOMIQUE

Si notre occupation a limité l'indépendance des Canaques, elle a singulièrement accru leur bien-être, en facilitant leurs relations commerciales.

Avant la dispersion des colons dans la brousse, les Canaques ne faisaient que des échanges. Ces échanges étaient de deux sortes. Il y avait : 1° les échanges entre les Canaques riverains et les aventuriers étrangers, chinois, anglais, français ; 2° les échanges entre les riverains et les autres Canaques.

Dans leurs échanges avec les étrangers, les riverains livraient du bois de sandal, du bois de rose, des cocos, des biches de mer (holothuries) et recevaient des étoffes imprimées, de vieilles haches de fer, de vieilles armes, du tabac, de l'or.

Ces transactions contentaient les deux parties. Les riverains donnaient, sans compter, leurs bois précieux, leurs cocos inutiles; les marchands ne regardaient point, de leur côté, à quelques chiffons, à quelques bâtons de tabac. Malheureusement, le sandal et le bois de rose allaient s'épuisant. Il serait fatalement venu une époque où les bateaux étrangers n'auraient plus mouillé dans les baies néocalédoniennes, pleins d'articles de trafic.

Les échanges entre Canaques avaient une autre importance et une autre variété que les précédents; ils représentaient le véritable commerce canaque. Les échanges se faisaient à jours fixes, dans des plaines déterminées. Dès le matin du jour de l'échange ou du marché, les théories de Canaques de l'intérieur venaient, chargées d'ignames, de taros, de bois, d'étoffes d'écorce, d'ornements divers, d'armes; les riverains paraissaient avec des poissons frais, des poissons fumés, des tortues, des trochus, des nautiles, des crevettes, etc.

Le silence ne régnait pas dans le marché ! Des Français qui assistaient aux marchés indigènes de Houaïlou, il y a une dizaine d'années, me disaient quel vacarme présidait à l'échange d'un poisson contre une igname. Dans tous les pays, le vendeur, quel que soit son état social, ne déteste point de tromper son semblable.

Les marchés n'ont pas complètement disparu, mais on n'en compte que quelques-uns. Les échanges avec les étrangers et entre Canaques sont réduits à bien peu de chose. Notre présence en Nouvelle-Calédonie les a changés en vente et achats s'effectuant au moyen de monnaies.

En travaillant chez les blancs, les Canaques se sont procuré d'abord des pièces d'or, comme leur en donnaient les trafiquants, puis des pièces d'argent : pièces de 5 francs, de 1 franc et de 50 centimes. Ils ont contracté l'habitude de dépenser cet argent en achats de vêtements, d'ustensiles de cuisine, d'instruments de travail. Peu à peu, les stores de la brousse ont remplacé les marchés en plein air.

En 1893, les Canaques vendent régulièrement aux stores, leurs cocos, leurs porcs, leurs bois ordinaires. Avec leurs gains, ils achètent un parapluie, une barre de fer pour défoncer la terre, un grand couteau (sabre d'abatis), pour couper les broussailles, une hache d'acier, une marmite de fonte, des pipes, du tabac, des étoffes imprimées pour des allumettes dites suédoises, des porte-monnaies. Des centaines d'industriels européens se sont enrichis, en vendant, ainsi, aux Canaques, des objets manufacturés.

Il y a dans les centres un ou plusieurs stores où s'approvisionnent des milliers d'indigènes. Les mercantiles ont bien soin de faire de riches étalages pour exciter les désirs des Canaques. Dès qu'un Canaque voit à une devanture un objet qui lui plait, il demande le prix. S'il n'a pas assez d'argent, il cherche à vendre n'importe quoi : des légumes, des armes, des poissons. Si la somme à verser est élevée, il s'engage chez un blanc, pour tous genres de travaux. L'engagement de quinze jours, de un mois terminé, il court acheter l'objet tant désiré et retourne dans sa tribu.

———

CHAPITRE XVI

INFLUENCE DES EUROPÉENS SUR LES CANAQUES

INFLUENCE DES CONDAMNÉS — INFLUENCE DES MISSIONNAIRES — INFLUENCE DE L'ADMINISTRATION

En réalité, l'influence des Européens sur les Canaques n'est pas une; il y a des influences et non une influence, parce que les Européens ne forment pas, ici, un tout homogène. La population blanche est composée d'hommes libres et de condamnés.

Les hommes libres comprennent des militaires, des fonctionnaires, des missionnaires, des négociants et des colons français, anglais, australiens, italiens, allemands. Les condamnés ont des relations avec des Canaques comme évadés, condamnés, cantonniers et libérés. Chacun de ces éléments européens a un mode d'existence, des idées distinctes impressionnant les indigènes d'une façon propre; c'est en les voyant agir, en les coudoyant, que les Canaques ont peu à peu modifié

profondément leur existence. Les Canaques de 1893
ne ressemblent guère à leurs ancêtres. Ils sont de
commerce plus doux, mais de fourberie plus
grande. Ils n'ont pas gagné, à notre contact, car
l'élément pénal les a viciés.

Il ne faut pas croire que les condamnés aux
travaux forcés sont enfermés dans de noirs cachots.
Les condamnés aux travaux forcés, devenus, ici,
les travailleurs de la transportation, vont sur des
chantiers où ils se trouvent avec des indigènes; ils
sont envoyés sur les routes, au milieu des tribus
où ils mènent une vie perverse. Libérés, ils rayon-
nent dans toute l'île, se mêlent intimement aux
milieux canaques, deviennent des moniteurs de
vices. Je n'exagère point. Ce sont les évadés et les
libérés qui, en donnant aux Canaques des défauts
graves, les ont rendus rebelles à une civilisation
dont ils ne connaissent pas les bons côtés.

L'éducation morale donnée par les condamnés
a été évidemment bien mieux accueillie que l'éducation morale donnée par les missionnaires maristes. Les missionnaires maristes, établis en Nouvelle-Calédonie depuis 1843, ont essayé de fonder
de petites missions dans diverses parties de l'île.
Leurs tentatives n'ont pas toujours été heureuses,
mais leurs efforts n'ont pas été vains. Ils ont appris
notre langue à leurs Canaques catholiques. Ils ont
aussi amélioré, par le travail, la vie matérielle des
indigènes. Dans leurs plantations de Saint-Louis,
de la Conception, j'ai remarqué que les Canaques
avaient des cases confortables, propres, que tout
le monde travaillait assidûment. Opérer une

pareille transformation chez le Canaque, c'est indéniablement lui rendre service. Mais il semble que les missionnaires désirent peut-être un peu trop bénéficier de cette transformation, en en monopolisant les heureux résultats. Qu'il est difficile de se procurer un Canaque catholique; qu'il faut payer cher pour obtenir d'un Canaque catholique un travail quelconque. Les Canaques païens sont les seuls à demander des salaires proportionnés à leurs peines. Quoiqu'il en soit, quelque appréciation que puisse inspirer les missions, il est indéniable que les missionnaires modèlent le Canaque avec bien plus de bonheur que le colon, les autres blancs libres et l'administration chargée des indigènes.

L'administration qui s'occupe des affaires indigène porte le nom d'administration des affaires indigènes, et, par abréviation, affaires indigènes. Les affaires indigènes relèvent directement du directeur de l'intérieur; elles sont dirigées par un administrateur colonial qui est chef des affaires indigènes.

Le chef des affaires indigènes a, sous ses ordres, un administrateur colonial dans chacun des chefs-lieux d'arrondissement de la Nouvelle-Calédonie : Canala, Houaïlou, Touho, Ouegoa. L'administrateur d'arrondissement reçoit, en son chef-lieu, les plaintes, les demandes des indigènes. Il a un interprète pour se faire traduire les dialectes. Cet employé n'est guère utile, au point de vue administratif, parce qu'il ne connaît, en général, que le dialecte de sa tribu.

L'administrateur d'arrondissement est en relations avec les tribus, par l'intermédiaire des chefs reconnus et payés par l'administrateur. C'est ce chef qui reçoit l'ordre de réunir un nombre déterminé de Canaques pour une corvée, et qui perçoit la somme afférente à cette corvée. Car, tout travail est pàyé aux Canaques, par l'administration. Les colons doivent aussi, solder en espèces les indigènes qu'ils emploient; ils ont si mal opéré leurs paiements, autrefois, qu'ils sont obligés, aujourd'hui, de verser les sommes dues à leurs engagés, par devant l'administrateur de leur arrondissement.

On veut, avant tout, que les Canaques n'aient pas de prétextes graves à formuler des protestations contre les blancs; on veut aussi, leur apprendre, de plus en plus, à avoir confiance en nous.

Le Canaque subit toutes ces influences, inconsciemment, sans distinguer les bonnes des mauvaises, sans songer à ce que l'on fait pour lui, ne se rappelant que ce qui a blessé sa vanité ou lésé ses intérêts personnels. Il ne fait aucun effort pour s'orienter vers la civilisation. Il reste passif. Qu'il acquière des qualités, au contact des blancs libres, ou qu'il contracte des vices en fréquentant des condamnés, il n'apprécie guère les changements survenus en lui. Il ne remercie point ceux qui lui enseignent le bien, il n'accuse pas ceux qui l'ont entraîné au mal. Le Canaque fait songer aux petits enfants chez lesquels la raison n'a pas encore éclos.

CHAPITRE XVII

HYGIÈNE GÉNÉRALE

LES « FOUS » — LES MARAIS — LE PALUDISME

Les Canaques se lèvent tard, vers sept heures;
ils craignent la rosée qui inonde le fouillis des
plantes dont leurs habitations sont entourées. Ils
ont peur aussi de l'air frais du matin. Au moment
où ils sortent de leurs cases, très chaudes, pleines
de puces énormes, voraces, ils se couvrent, frisson-
nent et se chauffent au soleil ou à leurs foyers. Ils
mangent des ignames, des taros ou des bananes et
vont vaquer à leurs occupations, à leurs plaisirs.
Ils ne restent dans leurs cases que s'ils sont malades : les courses, les promenades leurs sont indis-
pensables.

Ce sont d'intrépides marcheurs. Les Canaques
employés comme courriers de terre par les postes,
franchissent, rapidement, quarante ou cinquante

kilomètres en une étape. Ils se plaignent rarement d'être fatigués pendant la marche. Mais, la course finie, ils se reposent longuement, avec délices.

Ils sont, au contraire, très vite épuisés par une besogne de longue haleine qui les oblige à rester en un même endroit. Les colons prétendent qu'au point de vue du rendement de travail, les Canaques ne sont bons qu'à donner « un coup de collier ». C'est que, on l'a vu, les Canaques vivent, essentiellement de féculents. Ils mangent, souvent et beaucoup à la fois, mais leurs aliments manquent d'éléments nutritifs, riches. Ce genre d'alimentation leur suffit et n'accroît point leur cadre nosologique.

A part quelques grandes et terribles diathèses, importées par nous, les indigènes n'ont pas à souffrir du cortège de maux qui nous accable. Leur race n'est point usée, comme la nôtre.

Les affections mentales sont à peu près inconnues chez eux; ce ne sont pas leurs travaux intellectuels qui peuvent en déterminer! Ils paraissent n'avoir qu'une affection nerveuse, très rare, chez eux, d'ailleurs, qui m'a été révélée par une de leurs coutumes. Extrêmement jaloux de leurs privilèges de propriétaires ils permettent, par exception, à quelques-uns des leurs de vagabonder, n'importe où, d'arracher là, une igname, ici, une tige de canne à sucre.

Les individus libres d'agir ainsi, sont, en quelque sorte, sacrés; personne ne doit leur faire le moindre mal. On leur donne un nom répondant assez bien à notre mot « fou ». En réalité, ce ne

sont pas du tout des fous ; ils vivent de la vie nor-
male, ne se distinguent par rien de spécial, quand
ils se trouvent avec des blancs. Comme beaucoup
de Canaques ne détesteraient pas de vivre de la
sorte, sans aucun travail, on soumet les prétendus
« fous » à un examen préalable. Avant de leur
accorder, officiellement, les prérogatives des vrais
« fous », on leur fait mâcher un fragment de
feuille d'un colossal arum, excessivement amer.
Si le candidat manifeste, par des grimaces, les
sensations d'amertume qu'il perçoit, il est roué de
coups, et éconduit ; si, au contraire, il reste impas-
sible, il est reconnu « fou ».

Si les Canaques doivent, en partie, à leur ignorance et à leur insouciance, l'intégrité de leurs
fonctions cérébrales, ils sont très fréquemment
les victimes de leur gloutonnerie et de l'inobser-
vance des règles d'hygiène les plus élémentaires.
Après les pilous, les embarras gastriques ne manquent guère. L'absorption des goyaves, des bananes, des pommes canaques vertes, l'exposition au
froid, la nuit, favorisent les entérites.

Leurs costumes légers, les différences de température qui se succèdent dans une même journée,
les prédisposent aux affections pulmonaires.

Jusqu'à présent, leurs innombrables marais ne
leur ont pas valu de fièvres paludéennes. Les
blancs ont joui de la même immunité. Les indigènes supposent qu'ils sont redevables au niaouli
de la résistance qu'ils offrent à l'infection palu-
dique. M. Brassac croit qu'en disséminant son
essence dans les milieux où il vit, le niaouli

protège ces milieux. Ce qui confirmerait cette hypo-
thèse, c'est que depuis 1890 j'ai observé, d'autres
ont observé, en même temps que moi, que le
paludisme commence à sévir là où on détruit les
niaoulis. Les observations de paludisme grave ne
se comptent plus.

CHAPITRE XVIII

PATHOLOGIE ET DISPARITION DES CANAQUES (1)

LA TUBERCULOSE — LA SYPHILIS — L'ALCOOLISME — LA LÈPRE

Les Canaques s'en vont. Ils s'en vont parce que les femmes canaques pratiquent l'avortement et l'infanticide. Ils s'en vont emportés par la syphilis, la tuberculose, l'alcoolisme et la lèpre. Ces divers facteurs criminels ou pathologiques de la disparition des Canaques n'ont point la même importance.

De tous temps, les avortements et les infanticides ont été très fréquents. Et, pourtant, il est certain que, jusqu'à notre apparition, la densité de la

_____

(1) Dans cette esquisse ethnographique, je ne crois pas devoir parler de l'*éléphantiasis du scrotum*, de la *conjonctivite granuleuse*, du *vitiligo*, du *tonga*, toutes affections qui, quoique très communes chez les Canaques, ne portent que très faiblement atteinte à la vitalité de leur race.

population augmentait. Il a fallu que des causes nouvelles de dépeuplement s'ajoutent à ces deux causes fort anciennes. La première de ces causes récentes a probablement été la tuberculose pulmonaire.

La tuberculose pulmonaire a éclaté, chez les Canaques, il y a longtemps. Mais, à ses débuts, elle ne frappait qu'un nombre restreint d'indigènes. Les vieux Canaques ne se rappellent pas avoir vu, il y a une cinquantaine d'années, les symptômes de tuberculose qu'ils observent, de nos jours, autour d'eux, dans presque toutes les tribus.

Les Canaques atteints de tuberculose pulmonaire sont disséminés sur les côtes et dans la partie centrale de l'île. Malgré leur grand nombre, il est difficile de les suivre et d'apprendre si la race mixte est plus atteinte que l'élément polynésien et l'élément mélanésien, ce qui est probable. Ils ne se prêtent qu'avec beaucoup de mauvaise grâce à l'examen des médecins blancs. Je demandais, un jour, à un Canaque intelligent, aimant les blancs, pourquoi les Canaques des principaux centres de l'île préféraient les sorciers. Il me répondit que « les médecins des blancs connaissent les maladies des blancs, mais pas les maladies des Canaques. » Les indigènes tuberculeux s'adressent donc aux takatas; si j'en ai examiné un certain nombre, c'est par surprise. Quand mon attention était attirée par un Canaque malingre, paraissant avoir des symptômes de tuberculose, je lui offrais une cigarette, pour voir « si sa poitrine était comme la mienne ». Le Canaque poussait des éclats de rire, bruyants, et, bon enfant, se laissait ausculter.

Je ne revoyais pas, d'ordinaire, mes malades, trouvés, par hasard, dans les villages. Chez les propriétaires des mines, chez les colons, au contraire, j'observais, de mois en mois, des Canaques tuberculeux. De mes observations, peu nombreuses, en vérité, il me semble que la tuberculose pulmonaire frappe indistinctement les hommes et les femmes, les enfants et les adultes, qu'elle évolue très rapidement chez les uns et chez les autres, que sa propagation augmente. Je n'affirme rien. Pour faire une étude consciencieuse de la tuberculose, chez les Canaques, il serait indispensable de parcourir plusieurs fois les tribus, de rechercher les causes de l'affection et d'en suivre l'évolution géographique. Ce qui offre de très grandes difficultés.

Les Canaques avaient probablement de la tuberculose avant notre occupation, ils n'avaient pas, ou du moins avaient très peu de syphilis. La syphilis leur a été transmise par les blancs libres, par les libérés, les condamnés cantonniers, les évadés.

Les femmes canaques syphilitiques ne se présentent pas aux médecins. Je n'ai jamais entendu dire qu'un médecin ait vu une femme canaque syphilitique ou même blennorrhagique. Par contre, les hommes réclament nos soins quelquefois, quand leur syphilis en est à la deuxième ou troisième phase. Parmi mes syphilitiques indigènes, j'ai eu, à Ponérihouen, Boué, le rusé Boué. Après avoir commis un grave méfait, dans sa tribu, il y a plusieurs années, Boué s'enfuit à Nouméa, et s'embarqua sur un paquebot. A bord, il se fit passer pour prince canaque et intéressa vivement les passagers sensibles. Dès son arrivée en France, il fut présenté à d'importants personnages, à Marseille ; conduit à Paris, il contracta la syphilis et la blennorrhagie chez de grandes dames de la capitale et finit par cirer les chaussures sur le bateau qui le ramenait à Nouméa. Boué, comblé de présents en France, a rapporté de notre pays quelques impressions édifiantes. Questionné par exemple sur ses prouesses de beau gars, il narre modestement ses aventures et ajoute qu'à Paris, il suffit d'entrer dans n'importe quelle maison, le soir, et de donner cinq francs pour recevoir une large hospitalité.

Bon nombre d'indigènes succombent à la syphilis, on ne saurait dire combien. Les Canaques n'ont pas d'état civil. On ne connaît que fortuitement les décès qui surviennent chez eux.

L'alcoolisme fait en tous cas bien plus de ravages que la syphilis. Comme les sauvages des autres pays, les Canaques aiment passionnément l'alcool ; ils l'absorbent surtout sous la forme de rhum. Pendant longtemps, les colporteurs, les propriétaires de stores ont eu le droit de vendre du rhum aux indigènes ; ils spéculaient même sur leur avidité pour les exploiter de façons fort variées. Le dévergondage, les excès de tous genres, dus à l'alcool devinrent tels que l'administration en défendit la vente aux indigènes. Actuellement, le blanc convaincu d'avoir vendu de l'alcool à un Canaque est condamné à une amende ; s'il a été déjà condamné de ce chef, il est frappé de prison. Cette excellente mesure n'a pas rendu les Canaques plus sobres. Ils achètent clandestinement aux libérés, aux évadés, aux métis, le rhum qu'ils ne peuvent prendre chez un marchand. Ils boivent, comme par le passé. Certains éprouvent les besoins irrésistibles de boire du rhum. Un chef que j'ai connu, se fait attacher, loin de sa tribu, à un niaouli pour absorber du rhum à discrétion. Les résultats de ses libations passées, il est délié et rendu à ses sujets.

L'administration ne parvient guère à lutter contre l'alcoolisme des indigènes. Seuls, les missionnaires réussissent à faire disparaître, tout au moins à atténuer sensiblement le goût des liqueurs fortes chez les indigènes catholiques.

Les affections pathologiques qui précèdent joueront, je crois, un rôle de plus en plus accusé dans la disparition de la race canaque. Mais, quel qu'il puisse être, ce rôle s'effacera devant la lèpre. La lèpre fut transmise aux Canaques par un étranger, vers 1866. Depuis, elle a incessamment évolué. Toutes les tribus ont des lépreux. Une trentaine de blancs sont atteints. Je n'ai ni le droit, ni le désir de jeter un cri d'alarme. Je constate simplement, qu'il est urgent de prendre, enfin, les mesures rigoureuses conseillées par le corps médical de l'île. Ce n'est qu'en isolant résolûment les lépreux que l'on parviendra à retarder un peu l'extinction (1) de la race néo-calédonienne déjà bien débilitée, et à sauvegarder l'hygiène générale d'une colonie qui, pour être petite n'en est pas moins belle, riche, et d'un grand avenir stratégique.

---

(1) Le dernier recensement évaluait à vingt mille individus environ la population indigène. Je crois ce chiffre beaucoup trop faible.

TABLE DES MATIÈRES

CHAPITRE XI

LA PÊCHE

CHAPITRE XII

LES CULTURES

CHAPITRE XIII

LES ARMES

CHAPITRE XIV

LES ARTISANS

CHAPITRE XV

Bordeaux, impr. du MIDI, P. CASSIGNOL, 91, rue Porte-Dijeaux.